全国高职高专机电类专业规划教材

工程制图与 CAD 习题集

主　编　山　颖　闫玉蕾
副主编　张湘媛　陆武慧
参　编　唐少琴　刘　爽
主　审　王新年

机械工业出版社

本习题集采用现行技术制图与机械制图国家标准，以企业典型工作任务为载体，着重强化制图基本知识、投影基础与三视图、尺寸标注、机件的常用表达方法、标准件和常用件、零件图、装配图、电气工程图、金属焊接图以及 AutoCAD 2017 软件制图等内容的训练。

本习题集注重学生能力的培养，按照高等职业教育的培养目标，结合工程类专业的教学改革及专业基础课机械制图教学改革与实践经验，增加实训力度，并与创新精神培养相结合，力求符合高职高专人才培养特色。本习题集采用现行国家标准，以企业案例为主线，以任务为载体，以问题为导向，注重突出“应用”特色，基础理论以够用为度，强调知识的实际应用和实践训练，强化学生解决实际问题的能力和可持续发展能力的培养，既适应产业对人才的需求，又体现以职业能力为本位的“产教融合”校企合作人才培养特色。

本习题集教学资源丰富，在爱课程官网有“国家级精品资源共享课”的全套课程资源（http://www.icourses.cn/sCourse/course_2650.html）。本习题集适合高职高专院校的机电类专业使用，也可作为高职高专机电类专业教材内容的训练强化参考，还可供有关工程技术人员参考使用。

图书在版编目（CIP）数据

工程制图与 CAD 习题集/山颖，闫玉蕾主编. —北京：机械工业出版社，2019.8
全国高职高专机电类专业规划教材
ISBN 978-7-111-63465-2

Ⅰ.①工… Ⅱ.①山… ②闫… Ⅲ.①工程制图-AutoCAD 软件-高等职业教育-习题集 Ⅳ.①TB237-44

中国版本图书馆 CIP 数据核字（2019）第 170379 号

机械工业出版社（北京市百万庄大街 22 号 邮政编码 100037）
策划编辑：薛 礼 责任编辑：薛 礼
责任校对：李 婷 封面设计：鞠 杨
责任印制：孙 炜
北京玥实印刷有限公司印刷
2019 年 10 月第 1 版第 1 次印刷
260mm×184mm · 8.25 印张 · 201 千字
0001—1900 册
标准书号：ISBN 978-7-111-63465-2
定价：23.00 元

电话服务
客服电话：010-88361066
010-88379833
010-68326294

网络服务
机 工 官 网：www.cmpbook.com
机 工 官 博：weibo.com/cmp1952
金 书 网：www.golden-book.com
机工教育服务网：www.cmpedu.com

前　言

本习题集是编者根据《教育部关于加强高职高专教育人才培养工作的意见》和《关于加强高职高专教育教材建设的若干意见》的精神，结合高职高专机电类专业人才培养现状，总结多年的教学经验编写而成。

本习题集的内容特点是：以任务为载体，以实际生产应用案例为依据，结合 AutoCAD 2017 软件应用，注重学生能力的培养，增加实训力度，并与创新精神相结合，力求突出高职高专人才培养特色；对偏而深的画法几何等内容适当降低了理论要求，结合教学实际进行适当的删减，以适应生产第一线对应用型人才的需求；注重识图能力的培养，为培养学生手工绘图及识图和计算机软件制图的综合能力提供了保证。

本习题集由黑龙江农业工程职业学院山颖、闫玉蕾担任主编，黑龙江农业工程职业学院张湘媛、西安航空职业技术学院陆武慧担任副主编。具体参与编写人员及分工如下：黑龙江农业工程职业学院山颖（前言，任务 8~任务 16），黑龙江农业工程职业学院闫玉蕾（任务 1，任务 22~任务 27），黑龙江农业工程职业学院张湘媛（任务 17~任务 21，任务 28~任务 31），西安航空职业技术学院陆武慧（任务 4~任务 7），西安航空职业技术学院唐少琴（任务 2~任务 3），黑龙江农业工程职业学院刘爽（任务 32~任务 33）。全书由山颖统稿。

本习题集由黑龙江农业工程职业学院王新年副教授主审。在本习题集编写过程中，编者参阅了国内出版的相关教材和资料，得到了黑龙江农业工程职业学院各方面的支持和帮助，在此对相关人员表示衷心的感谢！

由于编者水平有限，习题集中难免存在疏漏和不足，恳请读者批评指正。

编　者

目　录

前言
任务 1　绘制手柄的平面图形 …… 1
任务 2　变换齿轮架平面图形的 CAD 实现 …… 10
任务 3　绘制立体的三视图 …… 12
任务 4　绘制和标注正六棱柱截断体的三视图 …… 18
任务 5　绘制和标注顶尖的三视图 …… 20
任务 6　绘制和标注三通管的三视图 …… 27
任务 7　绘制和标注支架的三视图 …… 28
任务 8　识读轴承座的三视图 …… 30
任务 9　支座三视图的 CAD 实现 …… 37
任务 10　绘制定位块的六视图 …… 38
任务 11　绘制和识读压紧杆的视图 …… 42
任务 12　绘制连接座的剖视图 …… 44
任务 13　绘制转接法兰的剖视图 …… 52
任务 14　绘制固定板的剖视图 …… 57
任务 15　绘制轴的断面图 …… 64
任务 16　识读阀体的表达方案 …… 69
任务 17　绘制螺纹紧固件联接图 …… 77
任务 18　绘制直齿圆柱齿轮的啮合图 …… 85
任务 19　绘制键联结图 …… 87
任务 20　绘制滚动轴承图 …… 88
任务 21　绘制销联接图 …… 90
任务 22　绘制从动轴的零件图 …… 91
任务 23　齿轮泵主动轴零件图的 CAD 实现 …… 102
任务 24　绘制轴承端盖零件图 …… 104
任务 25　泵盖零件图的 CAD 实现 …… 106
任务 26　绘制阀体零件图 …… 108
任务 27　阀体零件图的 CAD 实现 …… 110
任务 28　绘制和标注拨叉的零件图 …… 112
任务 29　绘制球阀的装配图 …… 114
任务 30　齿轮泵装配图的 CAD 实现 …… 118
任务 31　识读齿轮泵的装配图 …… 120
任务 32　电动机控制电气图的识读与 CAD 实现 …… 123
任务 33　识读挂架的焊接图 …… 125
参考文献 …… 127

任务1　绘制手柄的平面图形

1-1　字体练习

班级　　　　姓名　　　　学号

例字	审	要	图	例	术	技	注	铝
名称	点	横	竖	撇	捺	钩	挑	折
写法								
练习								

尺寸左右内外前后主平立向比例系专业班级

投影俯仰视局部旋转技术要求螺栓钉母垫圈

制描图审核序号名称材料件数备注斜锥度

齿销轮键簧轴滚承杆架柄钩端盖盘套箱体

ABCDEFGHIJKLMNOPQRSTUVWXYZΦφ

abcdefghijklmnopqrstuvwxyzabcdefg

0123456789012345678901234567890123456

1-2 斜度和锥度的画法练习

班级　　　　姓名　　　　学号

1. 按 2：1 的比例抄画图形，并标注尺寸。

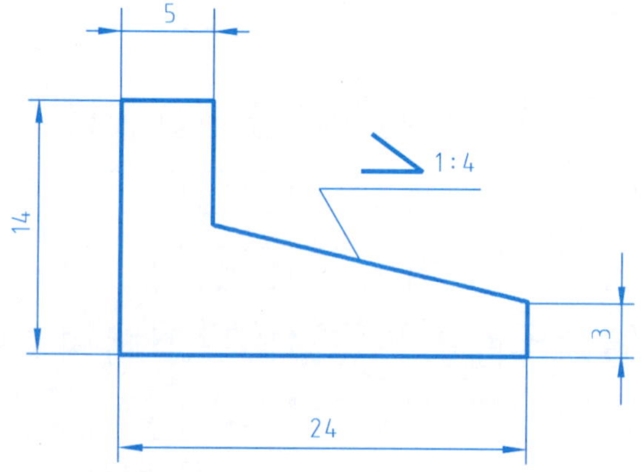

2. 按 1：2 的比例抄画图形。

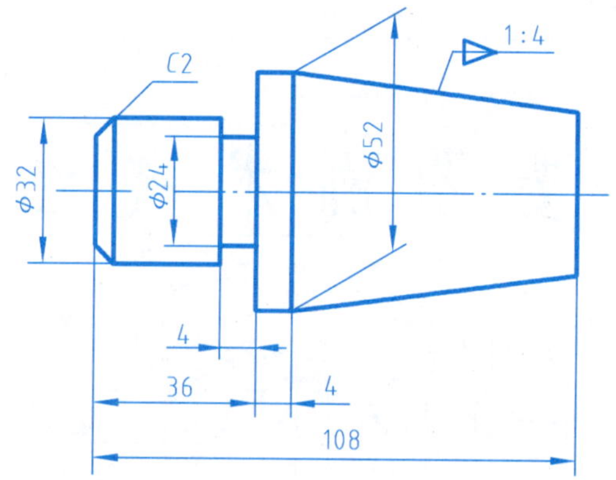

1-3 尺寸注法规定练习

班级　　　　姓名　　　　学号

1. 按 1 : 1 的比例标注下列圆及圆弧的尺寸（尺寸数值从图中量取后取整数）。

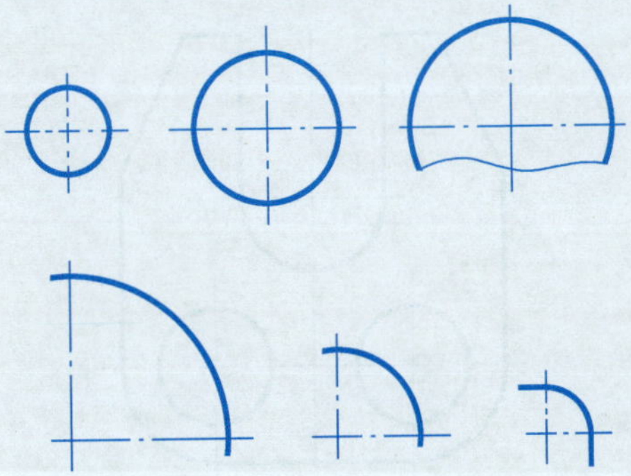

2. 按 1 : 1 的比例标注下列图形的尺寸（尺寸数值从图中量取后取整数）。

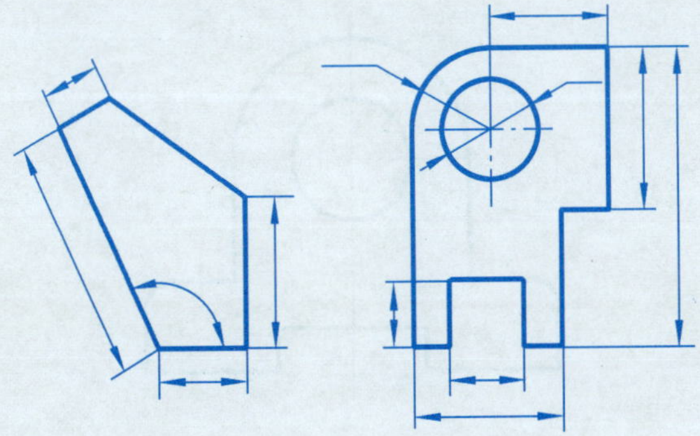

3. 找出左图中错误的尺寸标注，并在右图上进行正确的尺寸标注。

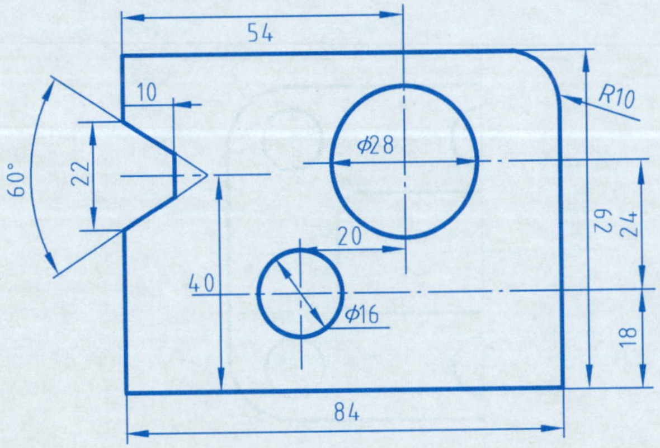

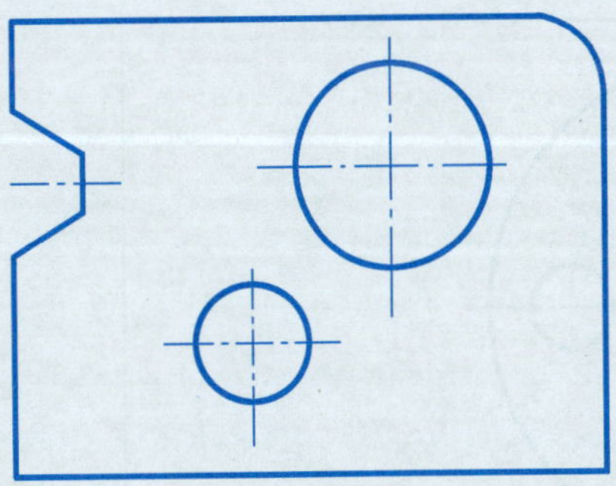

1-4　尺寸注法综合练习

班级　　　　姓名　　　　学号

1. 按 1 : 1 的比例标注下面的图形尺寸（尺寸数值从图中量取后取整数）。

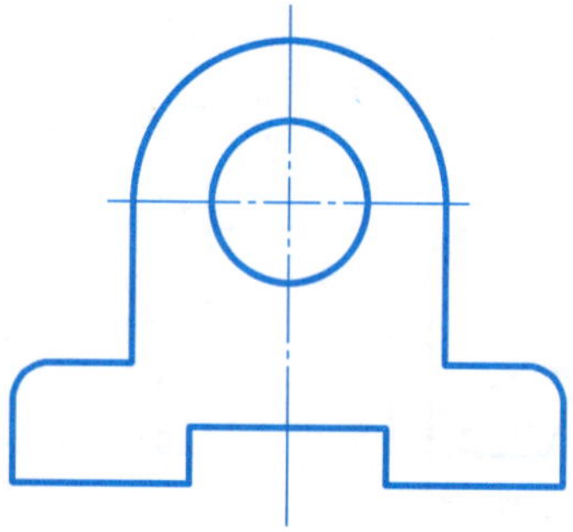

2. 按 1 : 1 的比例标注下面的图形尺寸（尺寸数值从图中量取后取整数）。

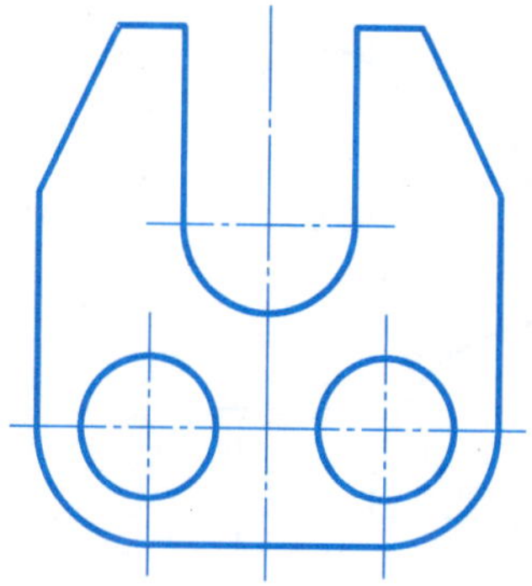

3. 按 1 : 1 的比例标注下面的图形尺寸（尺寸数值从图中量取后取整数）。

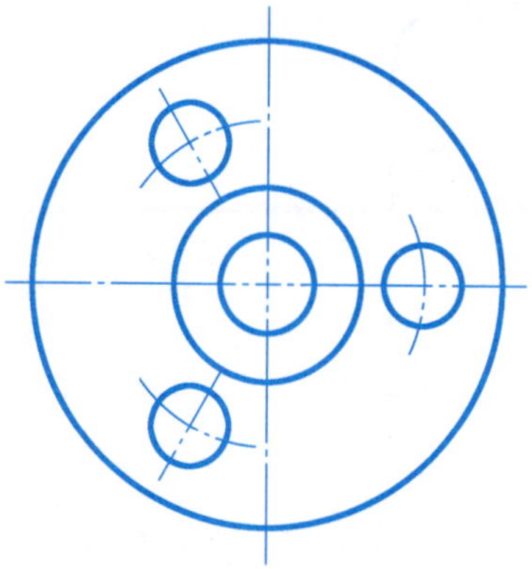

4. 按 1 : 1 的比例标注下面的图形尺寸（尺寸数值从图中量取后取整数）。

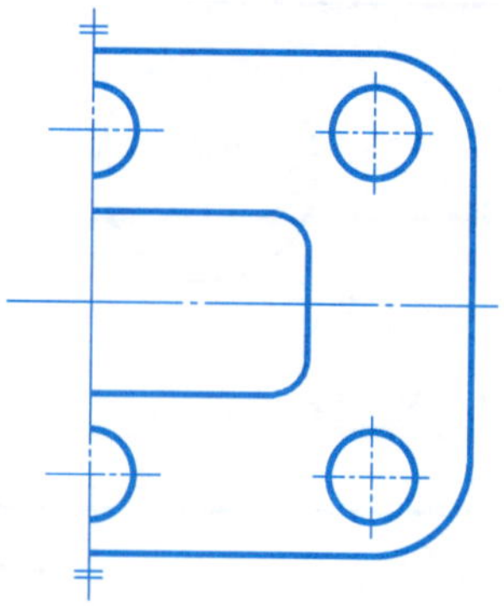

1-5 椭圆、等分作图与圆弧连接练习

班级　　　　姓名　　　　学号

1. 已知椭圆长轴为 80mm，短轴为 44mm，试用四心扁圆法绘制椭圆。

2. 绘制一个边长为 20mm 的正六边形。

3. 根据图例中给定的尺寸，按 1 : 1 的比例，完成线段连接。

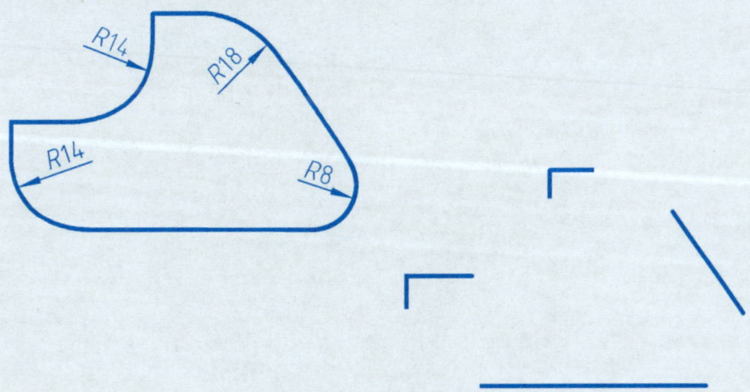

4. 根据图例中给定的尺寸，按 1 : 1 的比例，完成线段连接。

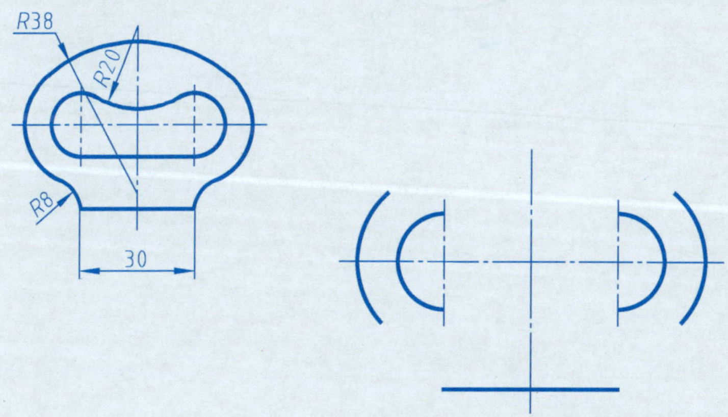

1-6　绘制平面图形练习	班级　　　姓名　　　学号

1. 按 1：1 的比例绘制下面的平面图形并标注尺寸。

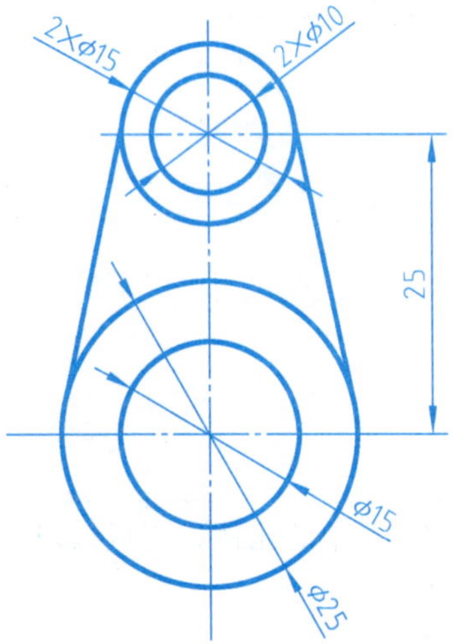

1-6 绘制平面图形练习	班级	姓名	学号

2. 按 1 : 1 的比例绘制下面的平面图形并标注尺寸。

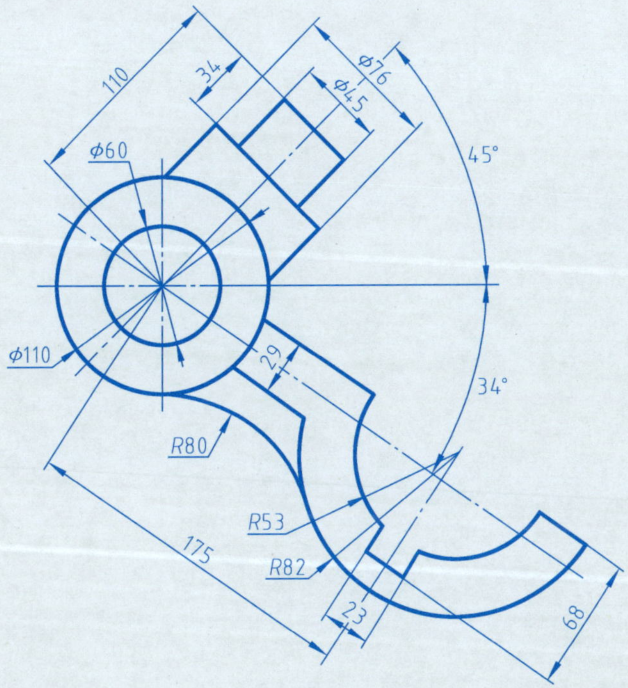

1-6 绘制平面图形练习

班级　　　　姓名　　　　学号

3. 按 1 : 1 的比例绘制下面的平面图形并标注尺寸。

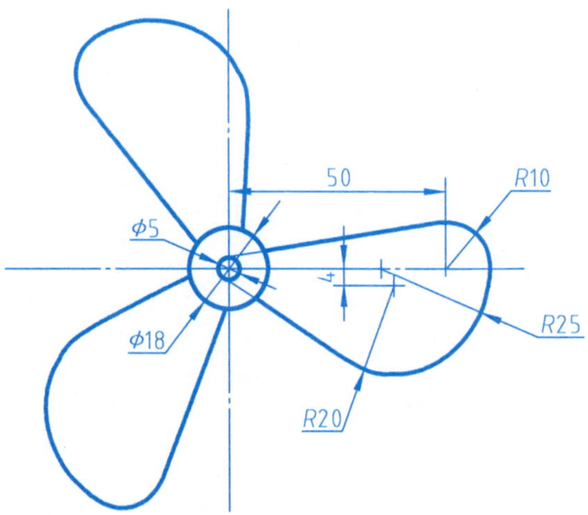

1-6 绘制平面图形练习	班级	姓名	学号

4. 按 1 : 1 的比例绘制下面的平面图形并标注尺寸。

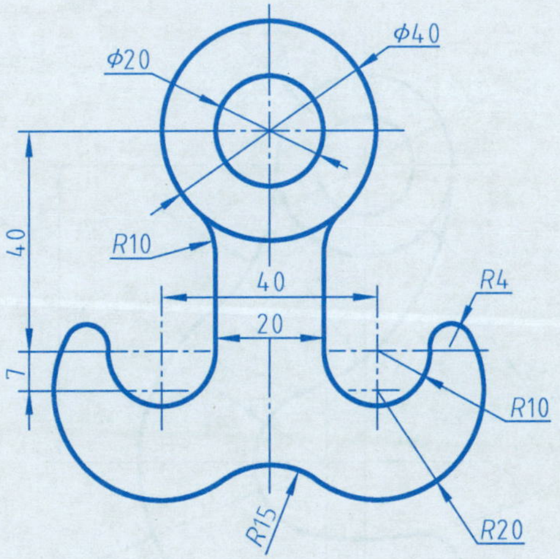

任务 2　变换齿轮架平面图形的 CAD 实现

2-1　按要求绘制平面图形	班级　　　姓名　　　学号

1）建立 A4 图纸大小的图形界限。

2）按表 2-1 要求建立图层。

表 2-1　绘制图形的图层要求

图层名称	颜色	线型名称	线宽/mm
轮廓线	白色	Continuous	0.5
中心线	红色	CENTER	0.25
虚线	黄色	HIDDEN	0.25
文字	绿色	Continuous	0.25
尺寸标注	绿色	Continuous	0.25

3）创建一个 A4 大小的 Y 型放置的标准图纸，并将其保存成样板。绘制图框线和标题栏，标题栏格式如下：

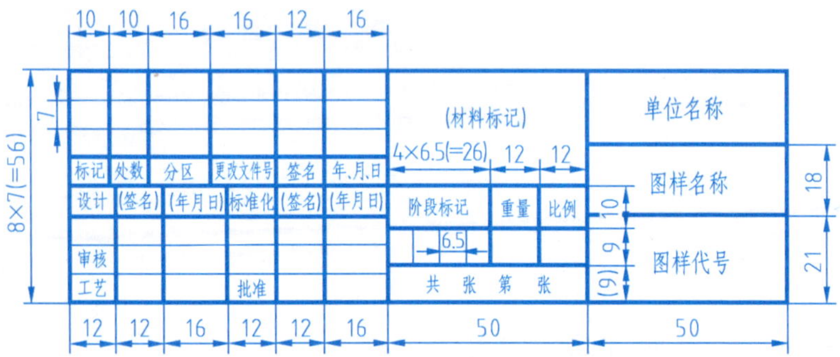

4）在创建的标准图纸上，按 1∶1 的比例绘制下面的图形。

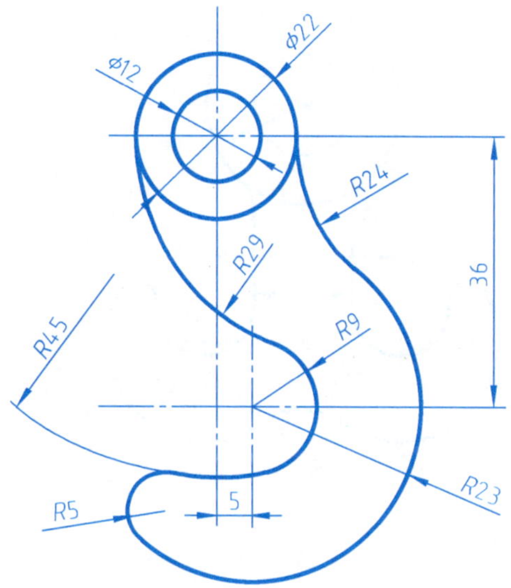

5）标注图形尺寸。设置尺寸标注样式，尺寸文字高度为 3.5mm，中文字体采用“gbcbig.shx”，线宽和线型按表 2-1 中的尺寸标注要求进行设置。

2-2 按要求绘制平面图形　　班级　　姓名　　学号

1）建立 A4 图纸大小的图形界限。

2）按 2-1 中表 2-1 的要求建立图层。

3）创建一个 A4 大小的 X 型放置的标准图纸，并将其保存成样板。绘制图框线和标题栏，标题栏格式如下：

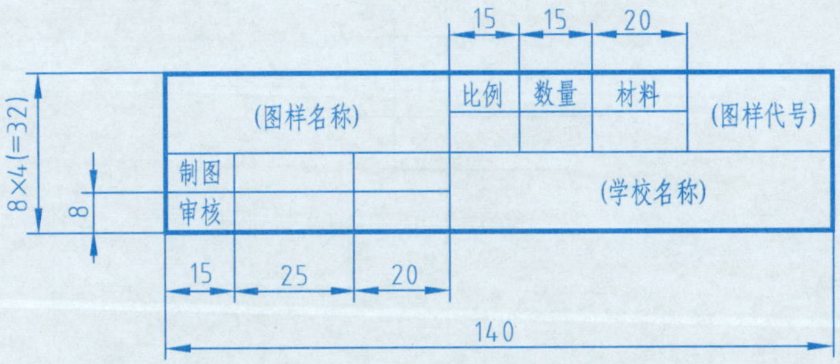

4）在创建的标准图纸上，按 1 : 1 的比例绘制图形。

5）标注图形尺寸。设置尺寸标注样式，尺寸文字高度为 3.5mm，中文字体采用“gbcbig. shx”，小数点后保留两位有效数字。线宽和线型按 2-1 中表 2-1 的尺寸标注要求进行设置。

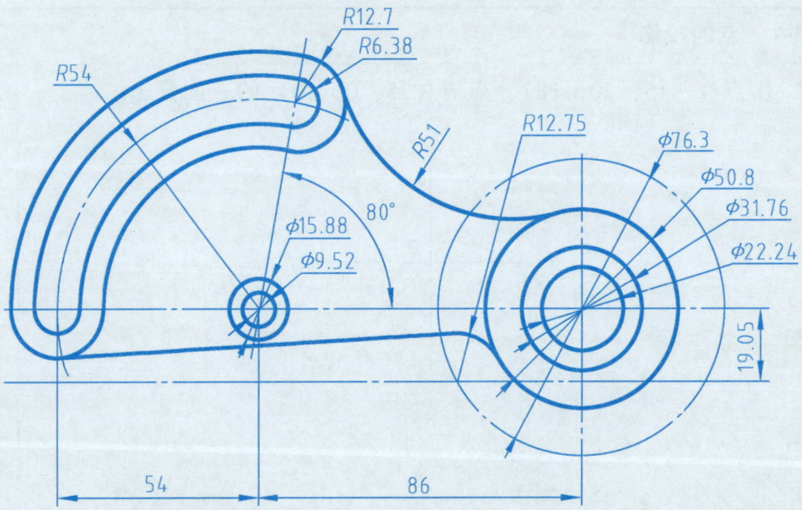

任务 3　绘制立体的三视图

3-1　点的投影

班级　　　　姓名　　　　学号

1. 作点 *A*（15，20，18）、点 *B*（25，0，20）的三面投影。

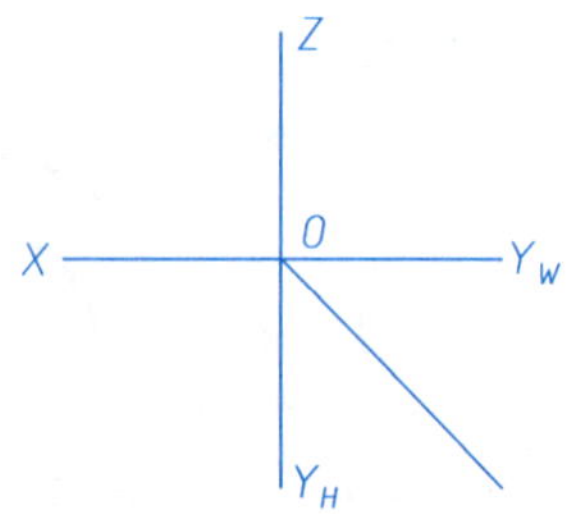

2. 已知点的两面投影，求作第三面投影。

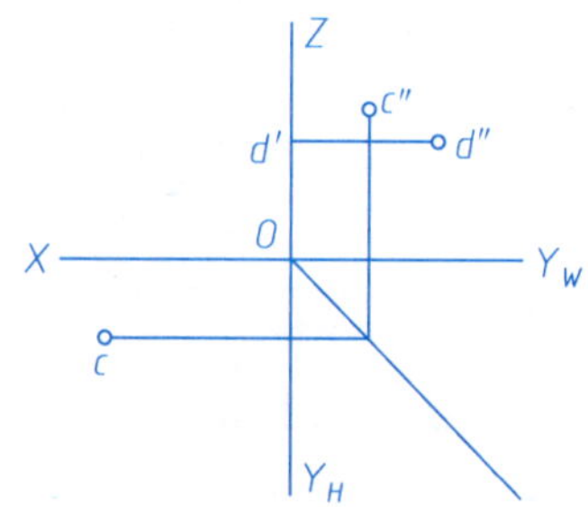

3. 判别 *A*、*B*、*C* 三点的空间位置。

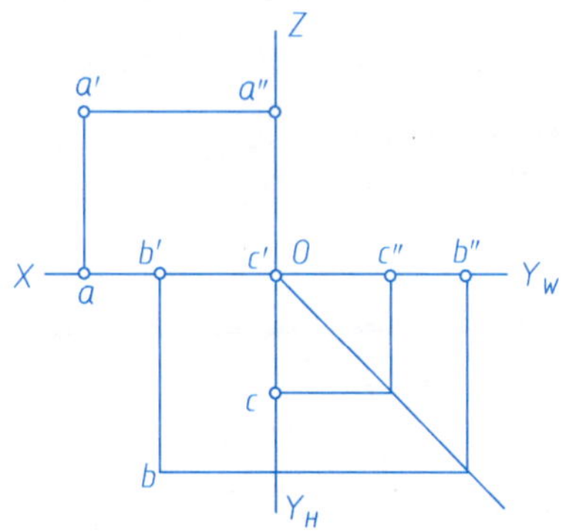

4. 已知点 *B* 在点 *A* 的右 20mm、下 20mm、前 10mm 处，求作点 *B* 的三面投影。

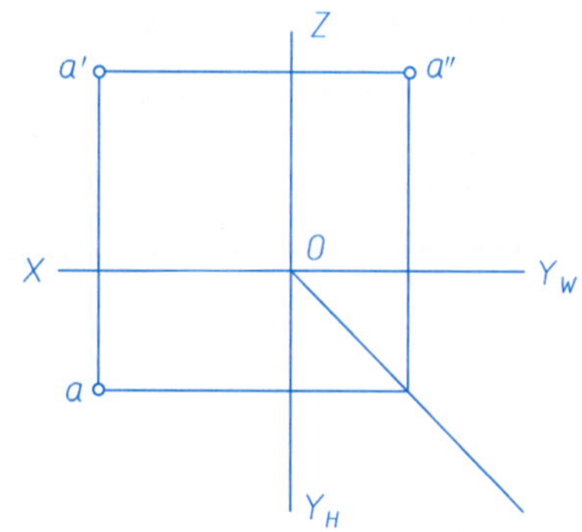

3-2 直线的投影

班级　　姓名　　学号

1. 判断直线 *AB* 的空间位置。

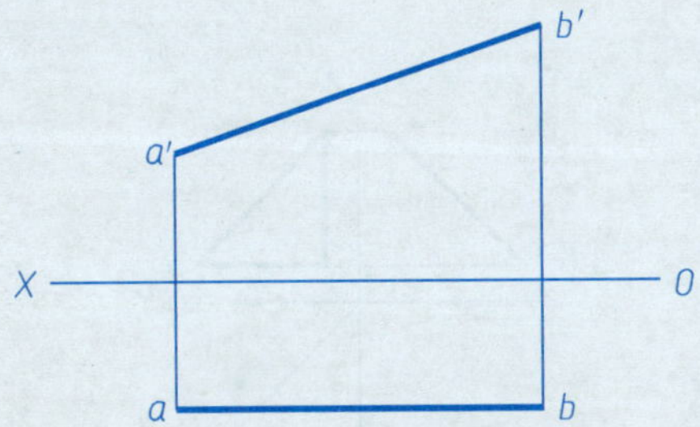

2. 判断直线 *AB* 的空间位置。

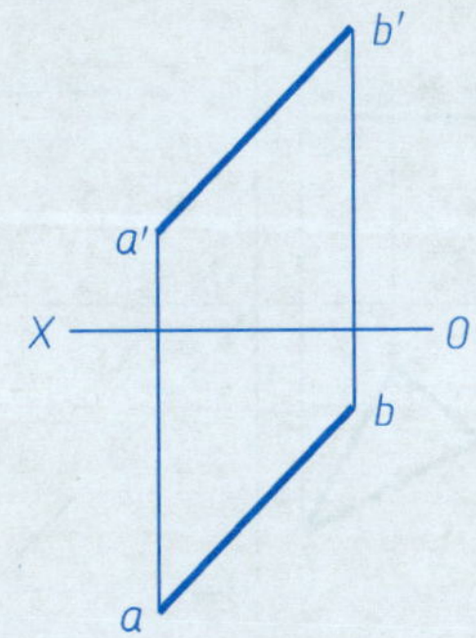

3. 已知直线 *EI* 垂直于 *V* 面、距 *W* 面 15mm，补全直线 *EI* 的三面投影。

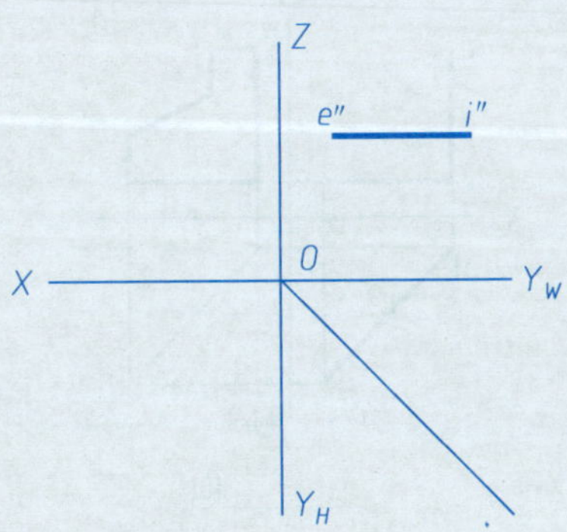

4. 已知直线 *AB* 平行于 *V* 面，补全直线的三面投影，标出直线与投影面的倾斜角。

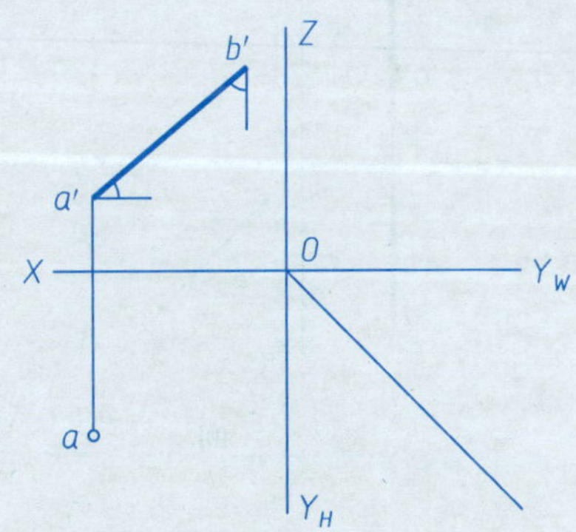

3-3 面的投影

班级　　　　姓名　　　　学号

1. 补画三角形的第三面投影，判别其空间位置。

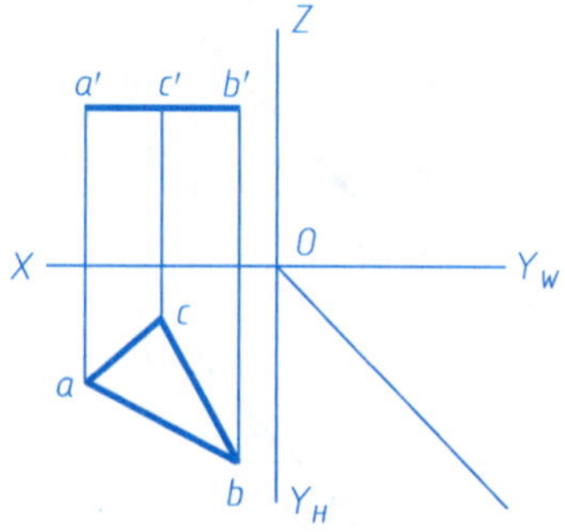

________面

2. 补画三角形的第三面投影，判别其空间位置，并标出平面与投影面的倾角。

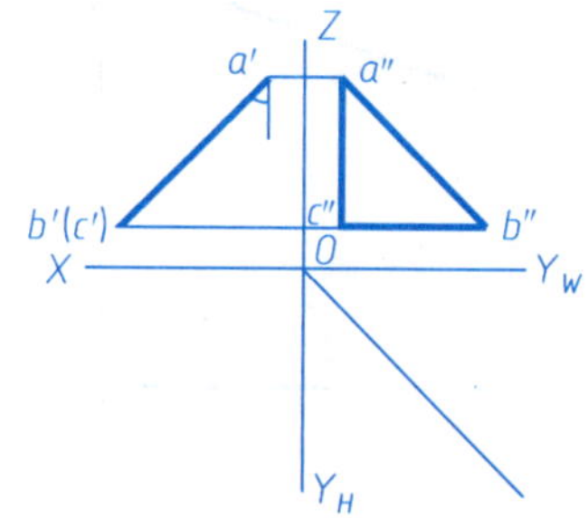

________面

3. 补画三角形的第三面投影，判别其空间位置。

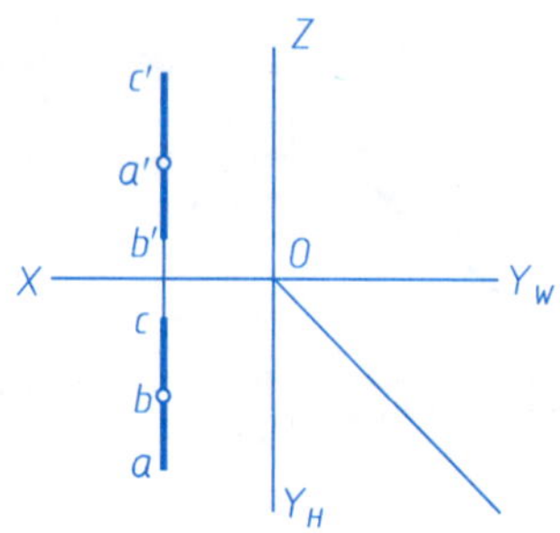

________面

4. 补画六边形的第三面投影，判别其空间位置，并标出平面与投影面的倾角。

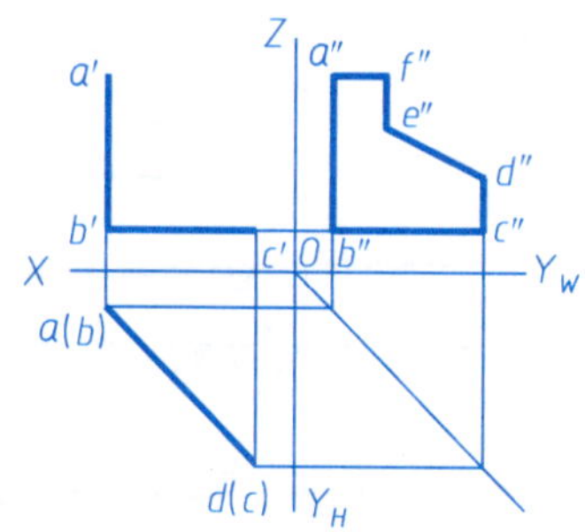

________面

3-4 补画第三视图

班级　　　　姓名　　　　学号

1. 补画正六棱柱的左视图。

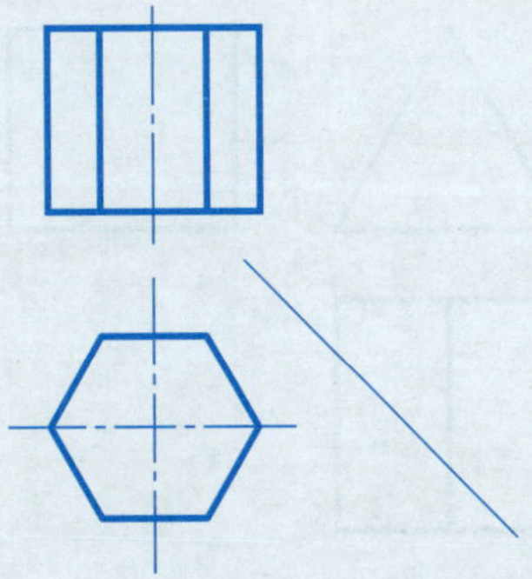

2. 补画正三棱锥的左视图。

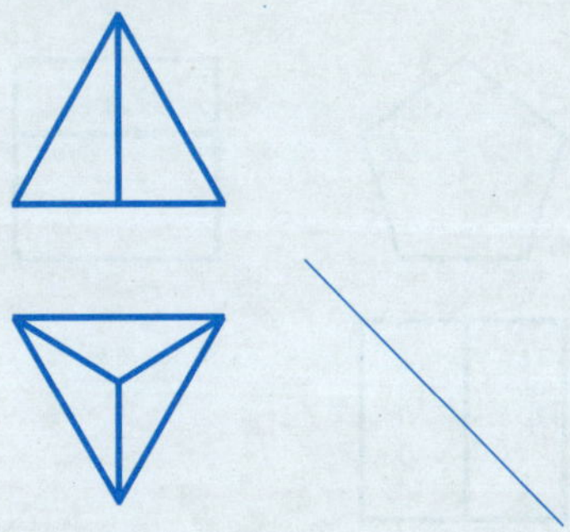

3. 补画正三棱柱的左视图。

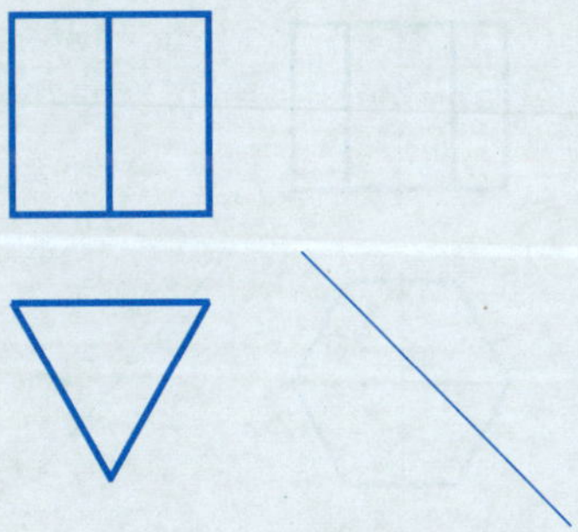

4. 补画正三棱台的俯视图。

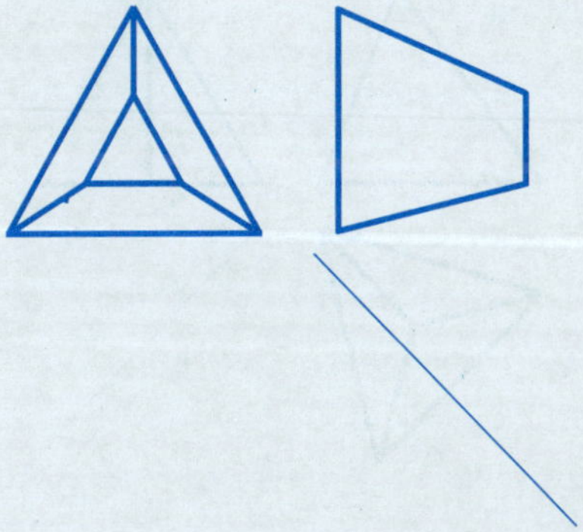

3-5 平面立体表面上点的投影

班级　　姓名　　学号

1. 求正五棱柱表面上点的投影。

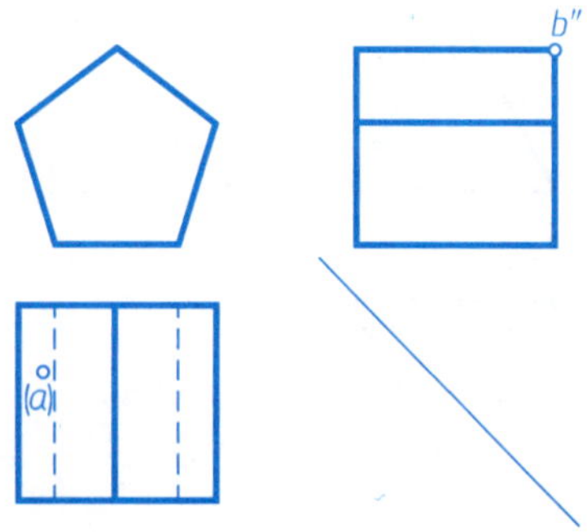

2. 求正三棱柱表面上点的投影。

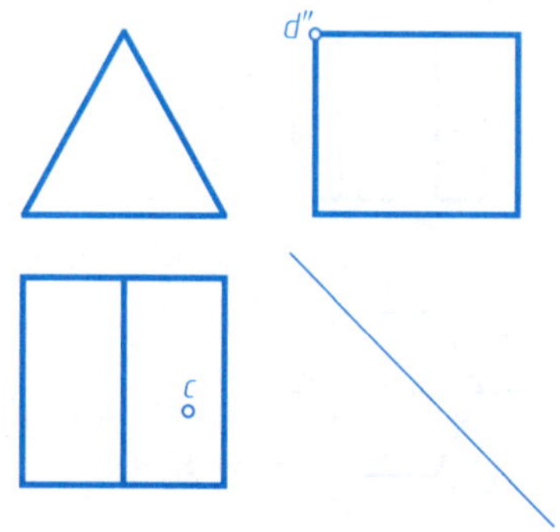

3. 用辅助线法求三棱锥表面上点的投影。

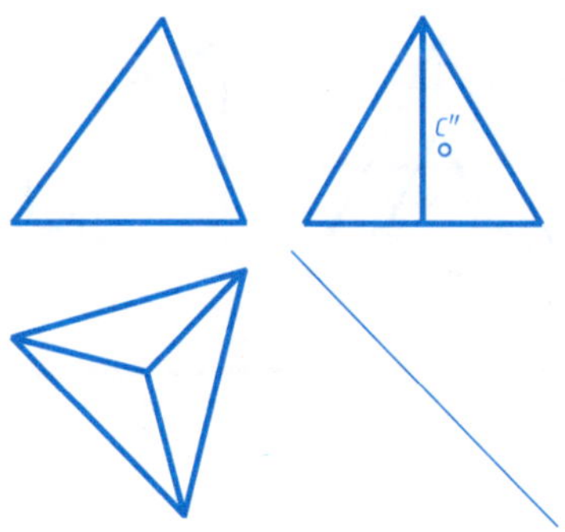

4. 补画正六棱柱的左视图，并求出其表面上点的投影。

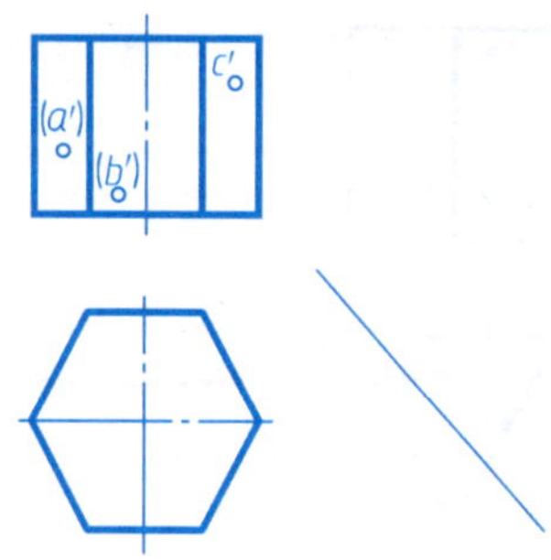

3-6 曲面立体表面上点的投影

班级　　　　姓名　　　　学号

1. 用辅助线法求圆锥表面上点的投影。

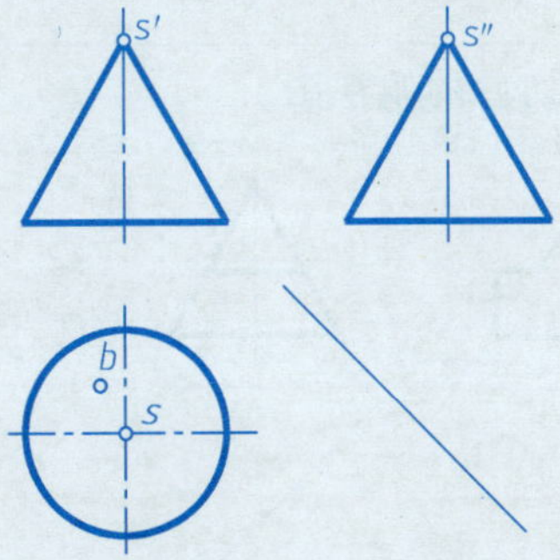

2. 用辅助平面法求圆锥表面上点的投影。

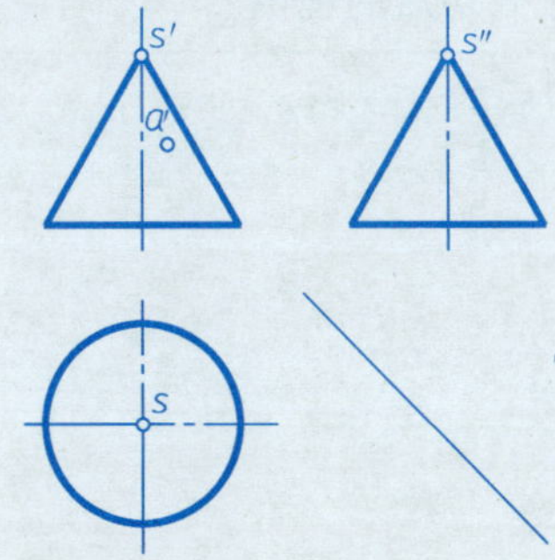

3. 求圆柱表面上点的投影。

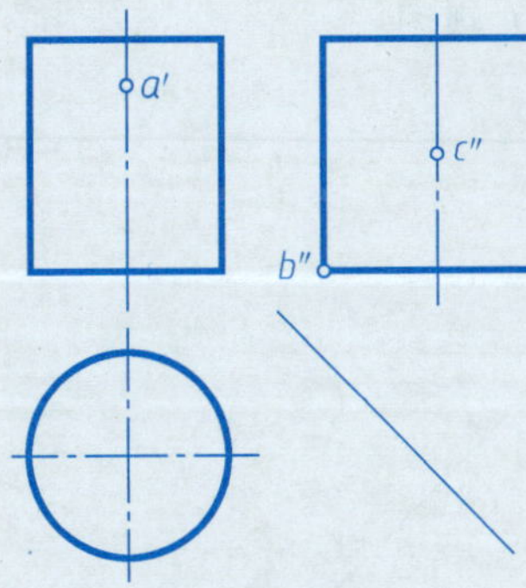

4. 求出点 *A* 的另外两面投影，判别点 *A* 的空间位置。

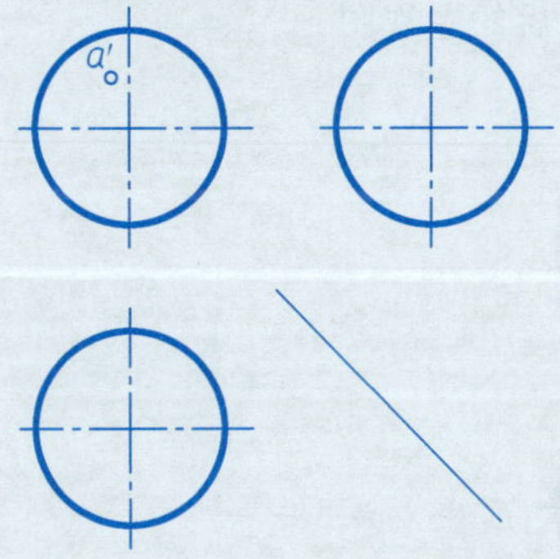

任务 4　绘制和标注正六棱柱截断体的三视图

4-1　补画平面立体被截切后的视图	班级　　姓名　　学号

1. 补画四棱柱被截切后的左视图。

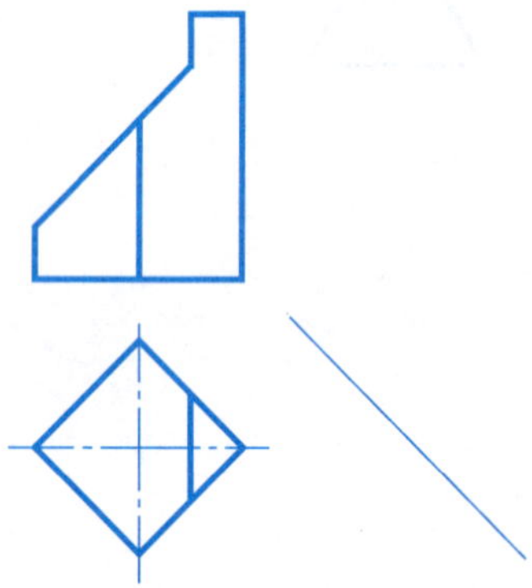

2. 补画三棱柱被截切后的俯视图。

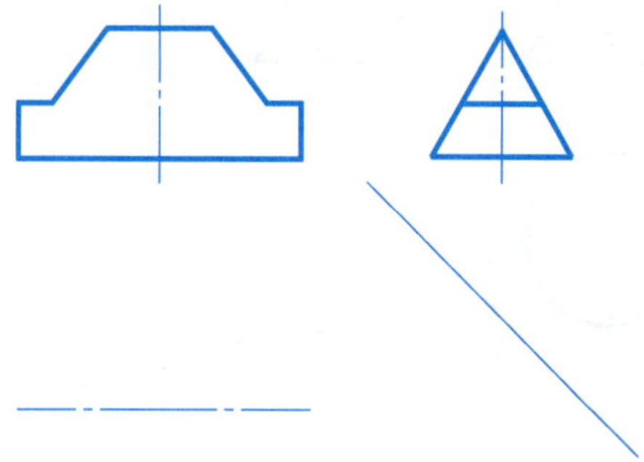

3. 补画圆柱被截切后的左视图。

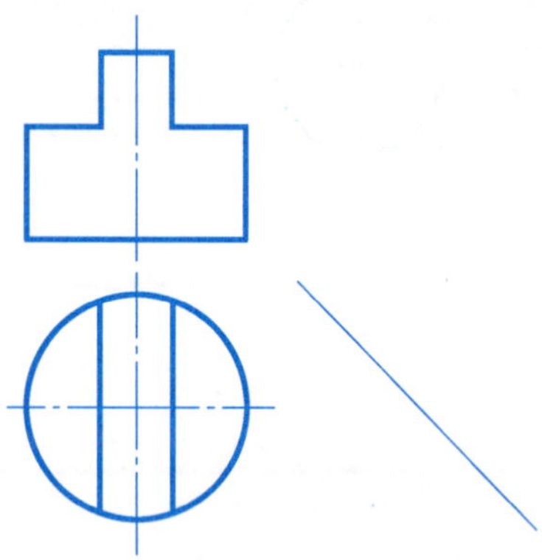

4. 补画圆柱开槽后的左视图。

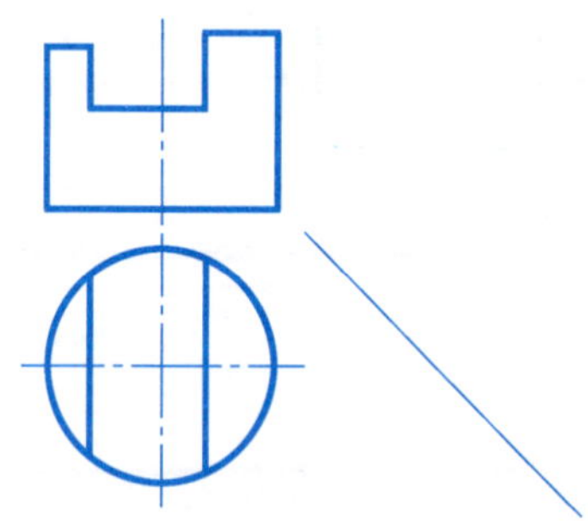

4-2 补画曲面立体被截切后的视图	班级	姓名	学号

1. 补画半圆球被截切后的左、俯视图。

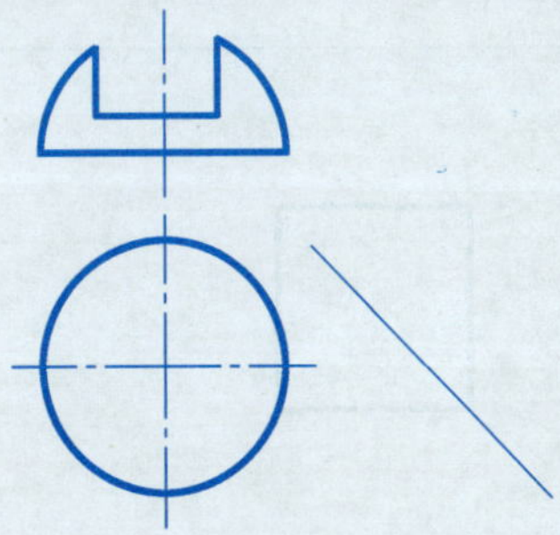

2. 补全圆锥被截切后的俯视图。

3. 补画圆锥被截切后的左、俯视图。

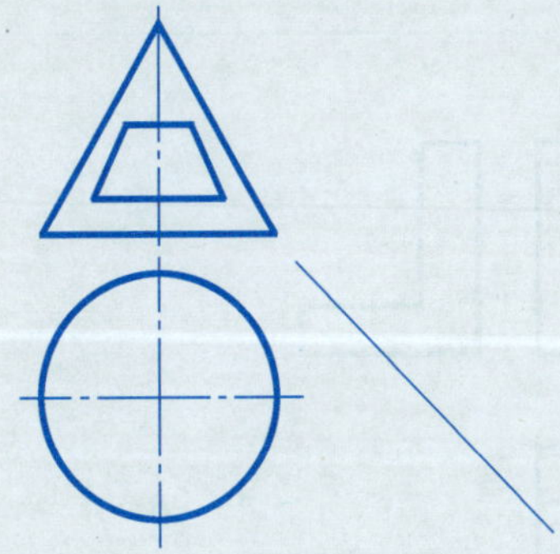

4. 补画半圆球被截切后的左、俯视图。

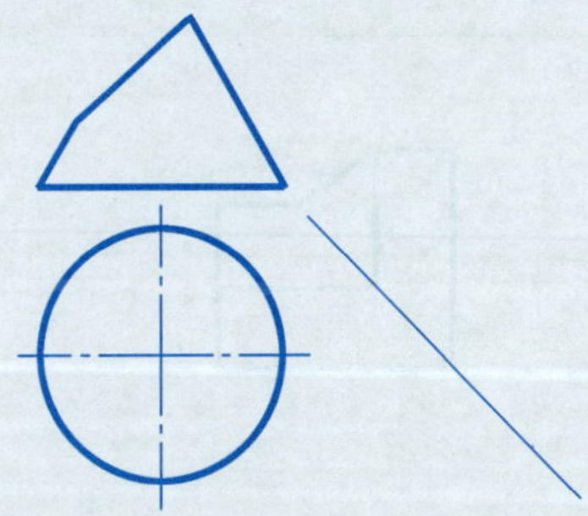

任务 5　绘制和标注顶尖的三视图

5-1　补全组合体的三视图　　班级　　　　姓名　　　　学号

1. 补全三视图中漏画的图线。

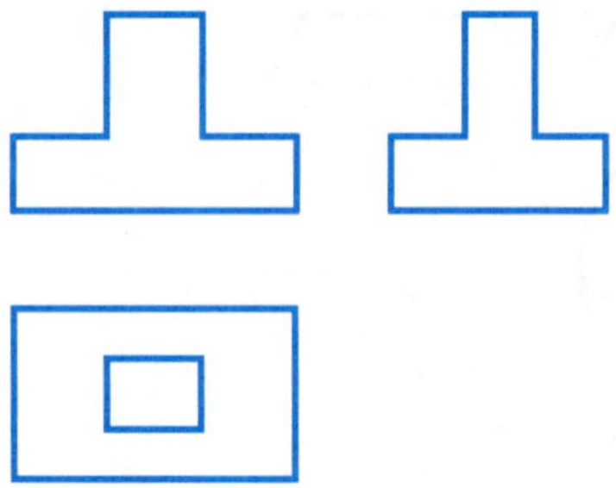

2. 补全三视图中漏画的图线。

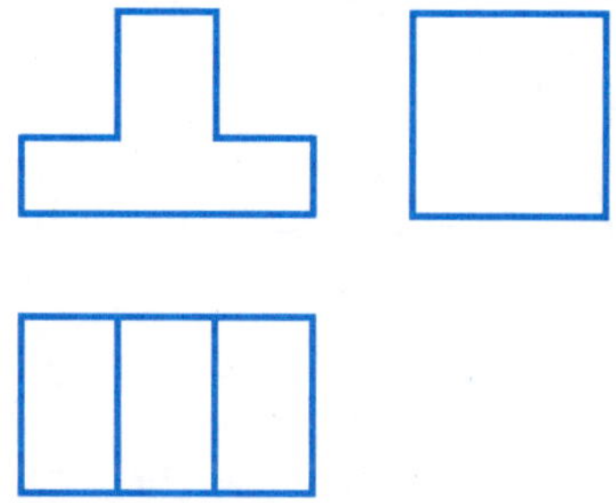

3. 补全三视图中漏画的图线。

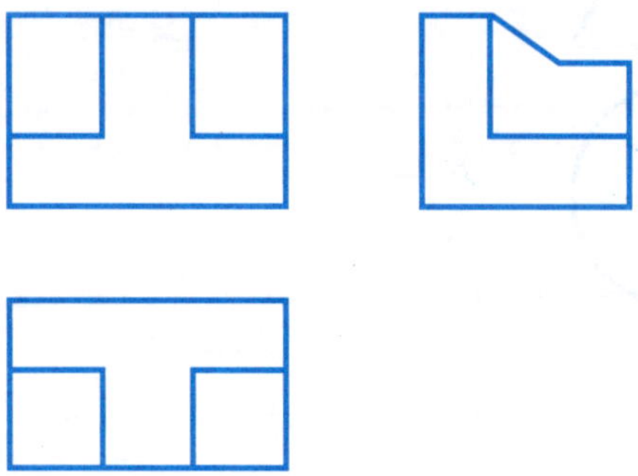

4. 补全三视图中漏画的图线。

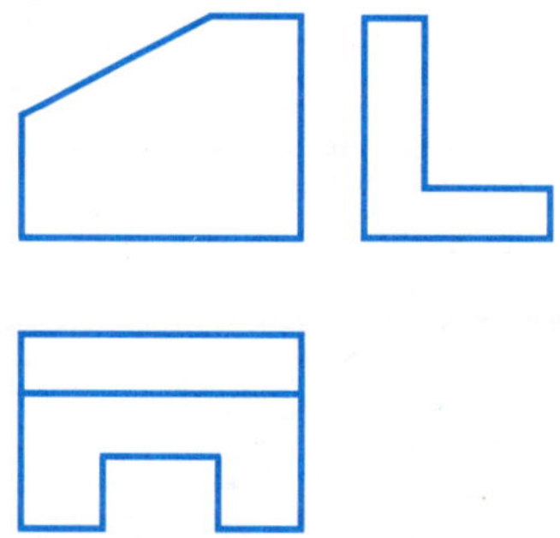

5-1 补全组合体的三视图

班级　　姓名　　学号

5. 补全三视图中漏画的图线。

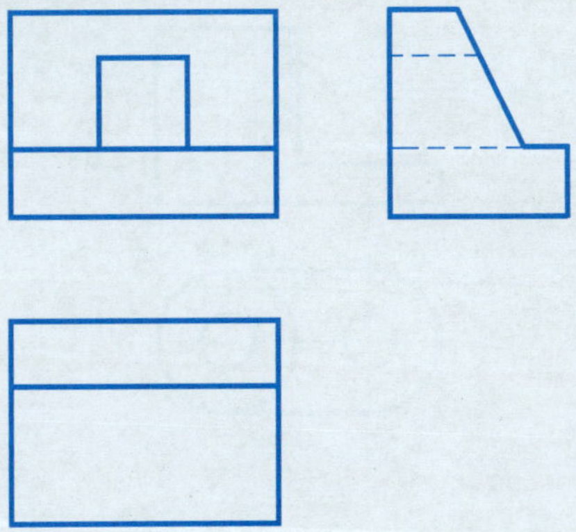

6. 补全三视图中漏画的图线。

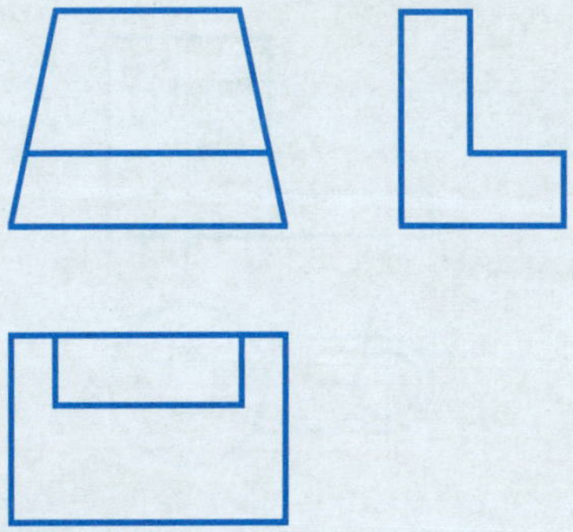

7. 补全三视图中漏画的图线。

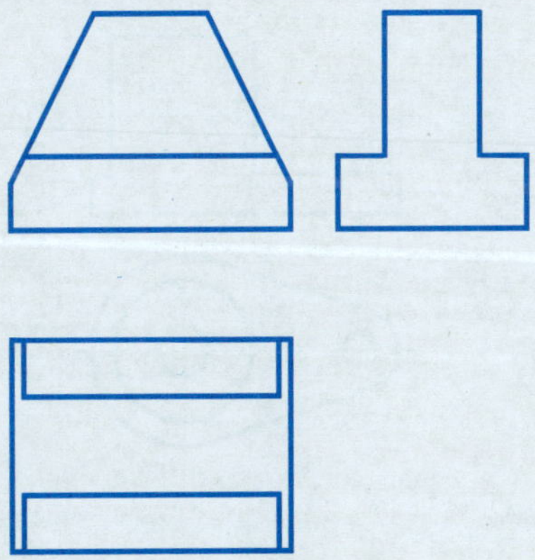

8. 补全三视图中漏画的图线。

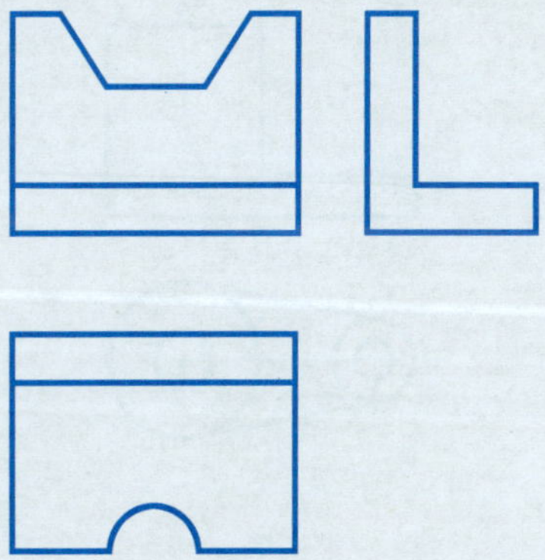

5-2 补全组合体的主视图

班级　　　　姓名　　　　学号

1. 补全主视图中漏画的图线。

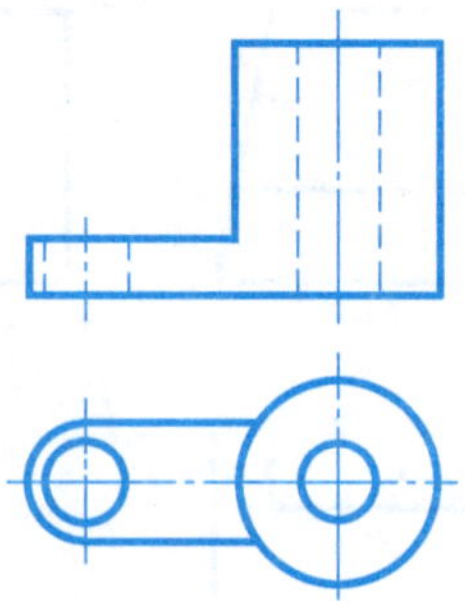

2. 补全主视图中漏画的图线。

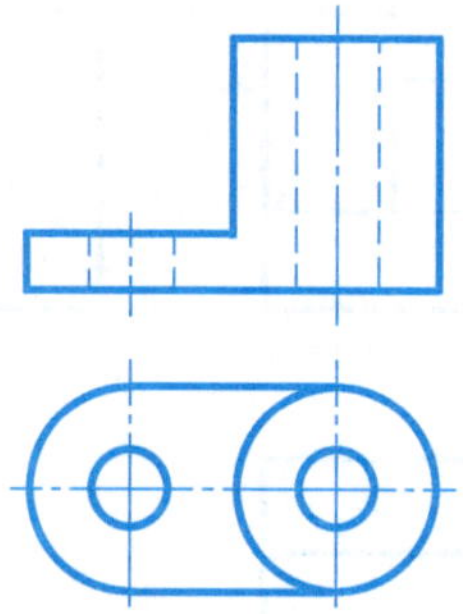

3. 补全主视图中漏画的图线。

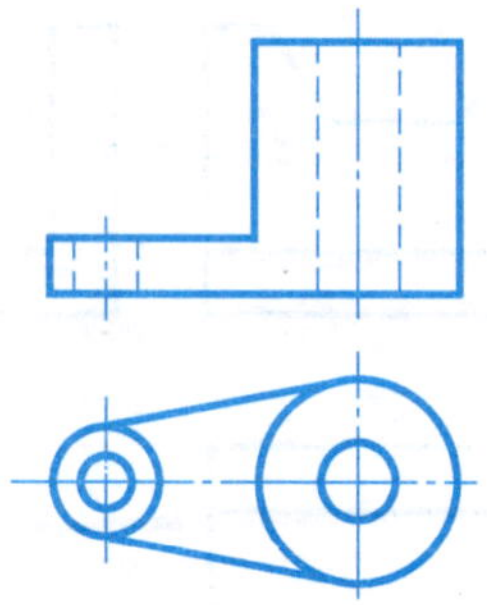

4. 补全主视图中漏画的图线。

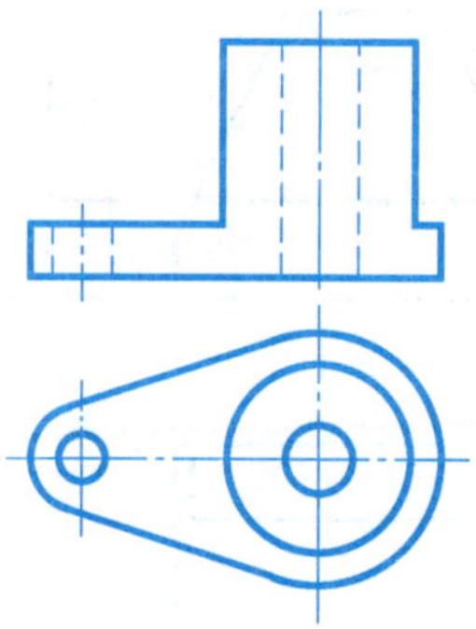

班级　　　　姓名　　　　学号

5. 补全主视图中漏画的图线。

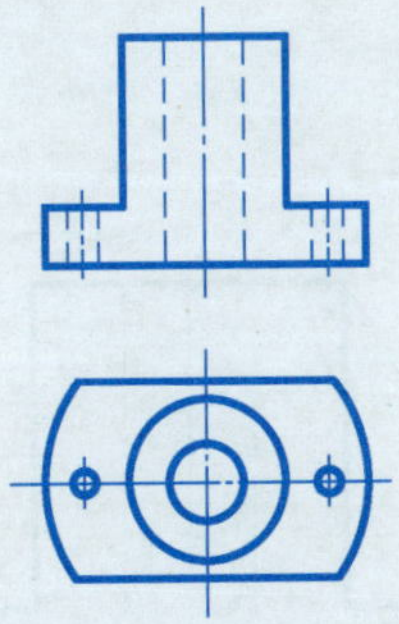

6. 补全主视图中漏画的图线。

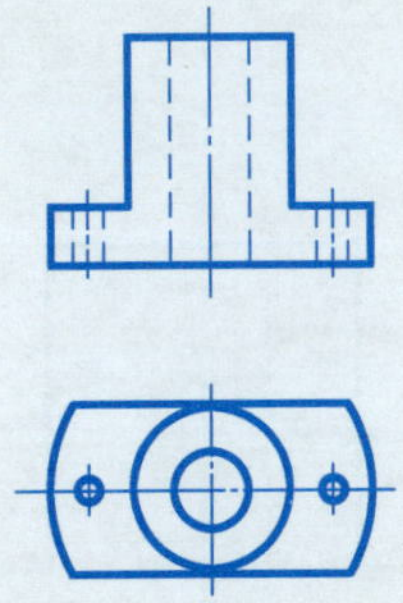

7. 补全主视图中漏画的图线。

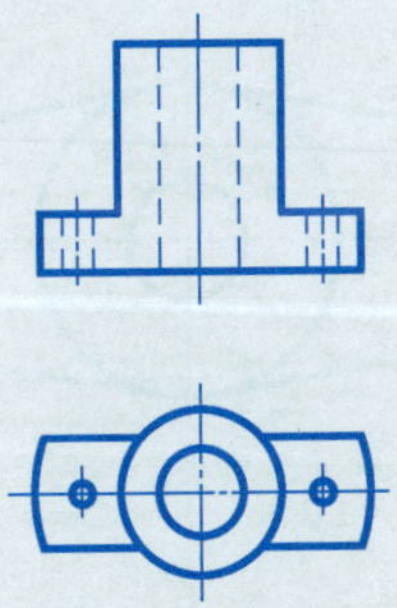

8. 补全主视图中漏画的图线。

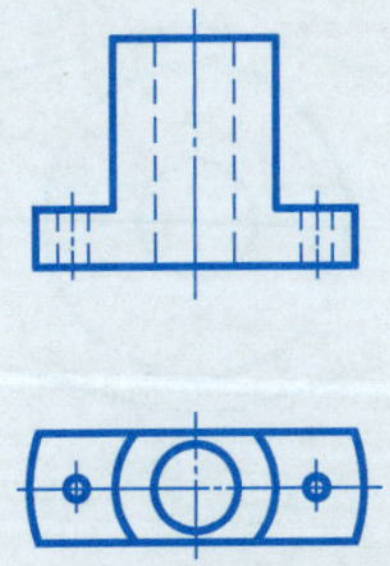

班级　　姓名　　学号

9. 补全主视图中漏画的图线。

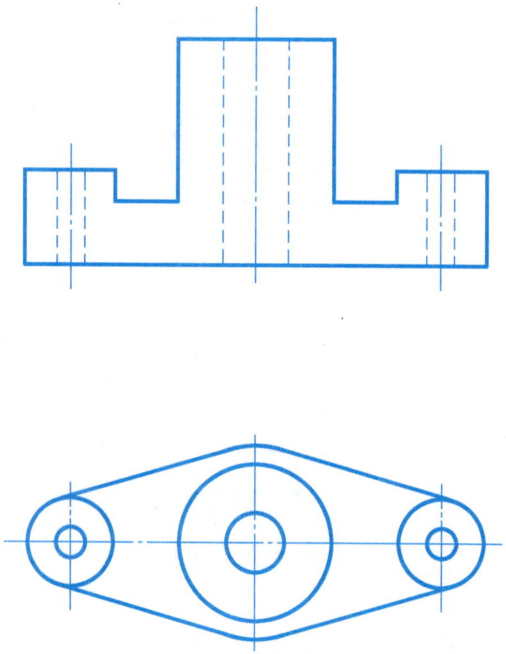

10. 补全主视图中漏画的图线。

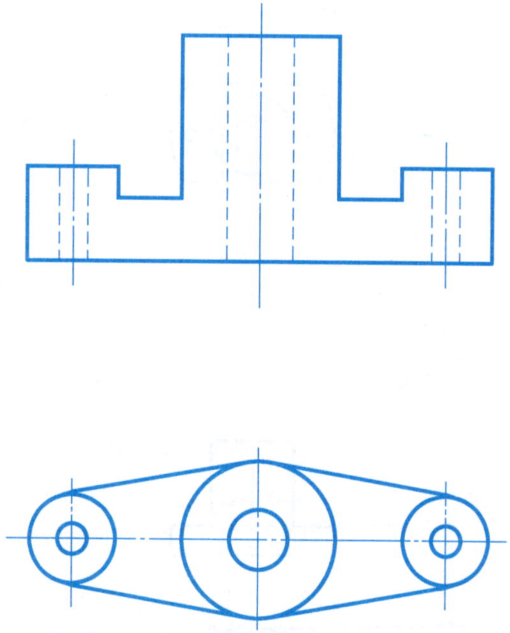

5-3 标注组合体的尺寸

班级　　姓名　　学号

1. 标注尺寸，尺寸数值按 1 : 1 的比例从图中量取后取整数。

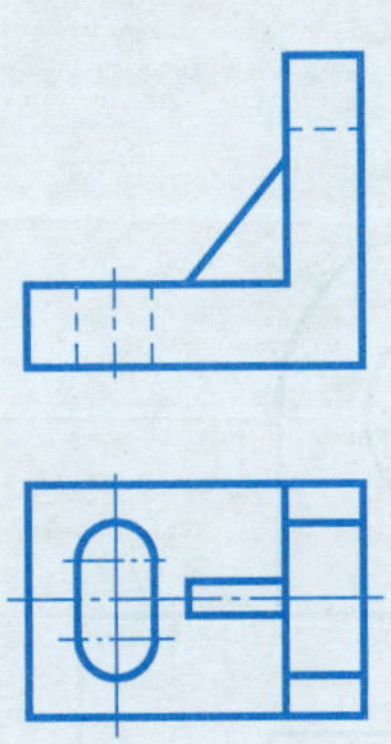

2. 标注尺寸，尺寸数值按 1 : 1 的比例从图中量取后取整数。

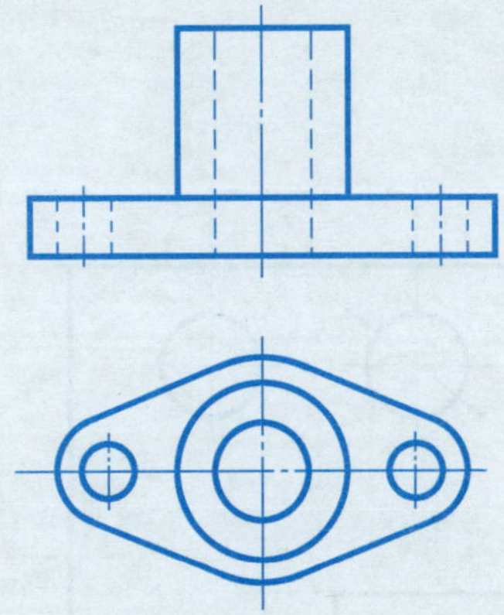

3. 标注尺寸，尺寸数值按 1 : 1 的比例从图中量取后取整数。

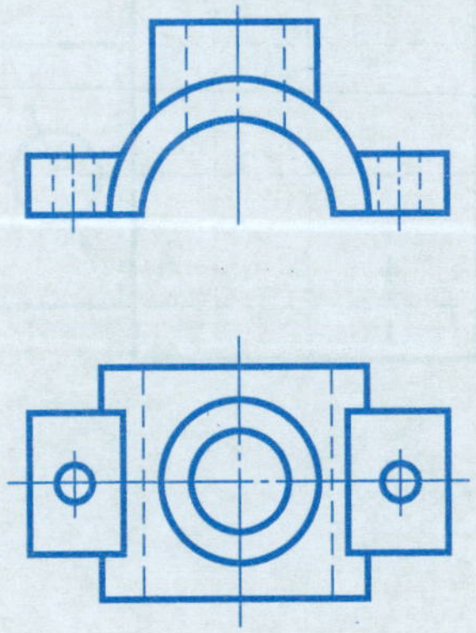

4. 标注尺寸，尺寸数值按 1 : 1 的比例从图中量取后取整数。

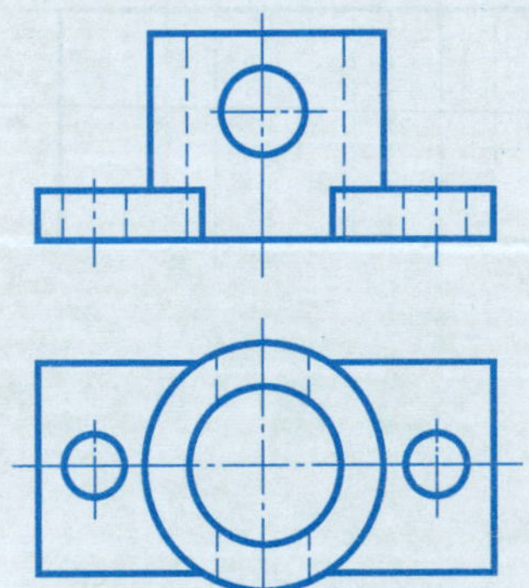

5-4　补全组合体的尺寸

班级　　　　姓名　　　　学号

1. 补全漏注的 5 个尺寸。

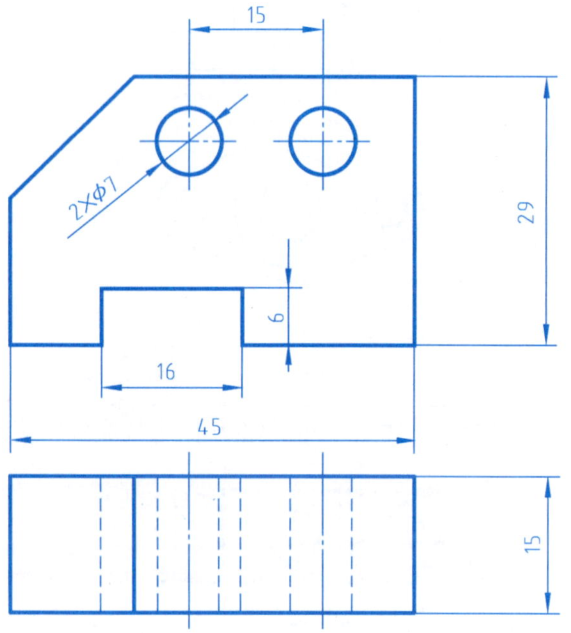

2. 补全漏注的 6 个尺寸。

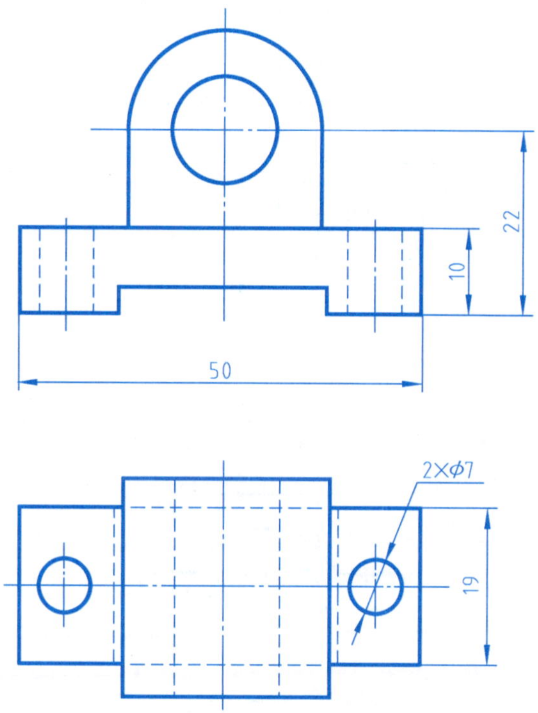

任务6　绘制和标注三通管的三视图

补画相贯线的投影　　　班级　　　　　　姓名　　　　　　学号

1. 用简化画法补画主视图中相贯线的投影。

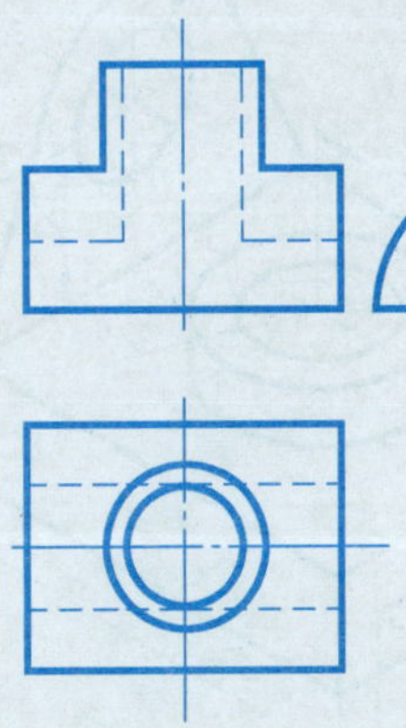

2. 用简化画法补画主视图中相贯线的投影。

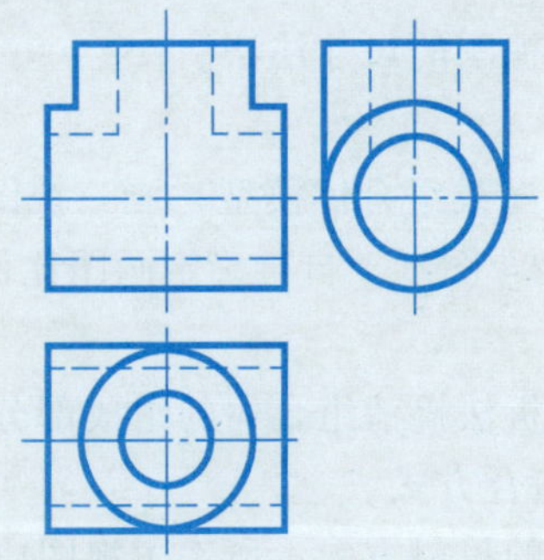

3. 用简化画法补画主视图中相贯线的投影。

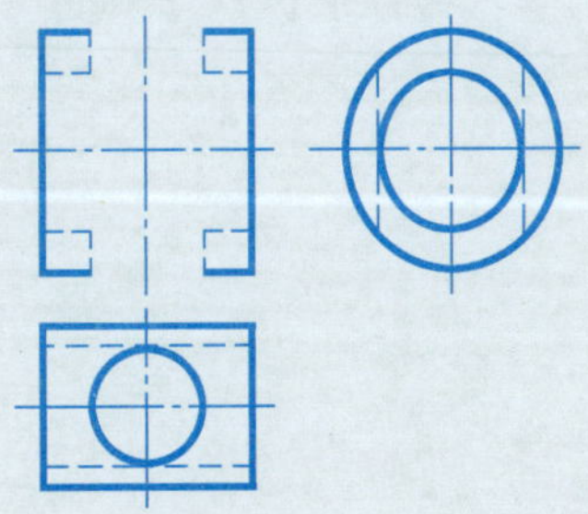

4. 准确画出主视图中相贯线的投影。

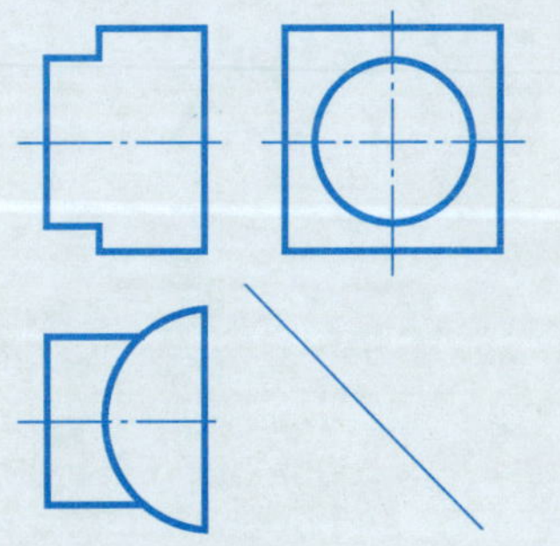

任务7　绘制和标注支架的三视图

7-1　案例练习

班级　　　　　　姓名　　　　　　学号

(1) 目的

1）掌握根据轴测图（或组合体模型）画三视图的方法。

2）掌握组合体视图的尺寸注法。

(2) 内容与要求

1）根据轴测图（或组合体模型）画三视图，并标注尺寸。

2）选择A3或A4图纸，自行确定画图比例。

(3) 画图步骤

1）应用形体分析法搞清组合体的组成部分，以及各组成部分之间的相对位置和组合方式。

2）选取主视图的投射方向。所选主视图应能明显地表达组合体的形状特征。

3）画底稿。

4）检查底稿，擦掉多余图线，依次加深图线，标注尺寸，填写标题栏。

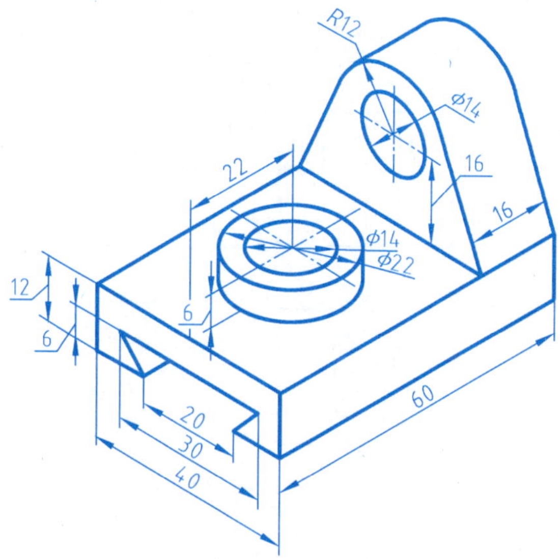

7-2 案例练习

班级　　　　姓名　　　　学号

(1) 目的

1) 掌握根据轴测图（或组合体模型）画三视图的方法。

2) 掌握组合体视图的尺寸注法。

(2) 内容与要求

1) 根据轴测图（或组合体模型）画三视图，并标注尺寸。

2) 选择 A3 或 A4 图纸，自行确定画图比例。

(3) 画图步骤

1) 应用形体分析法搞清组合体的组成部分，以及各组成部分之间的相对位置和组合方式。

2) 选取主视图的投射方向。

3) 画底稿。

4) 检查底稿，擦掉多余图线，依次加深图线，标注尺寸，填写标题栏。

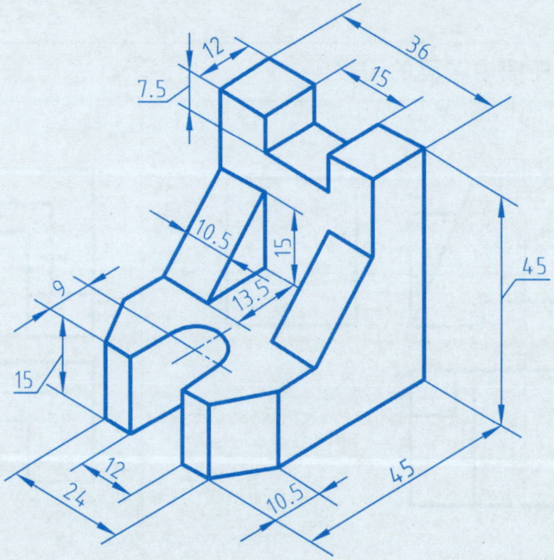

任务 8　识读轴承座的三视图

8-1　补全视图中漏画的图线	班级	姓名	学号

1.

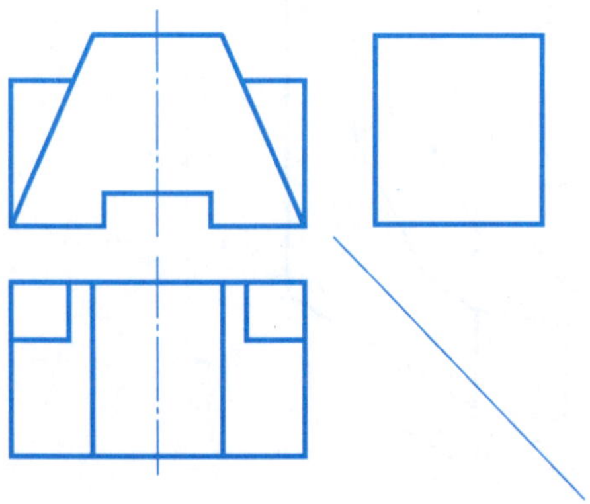

2.

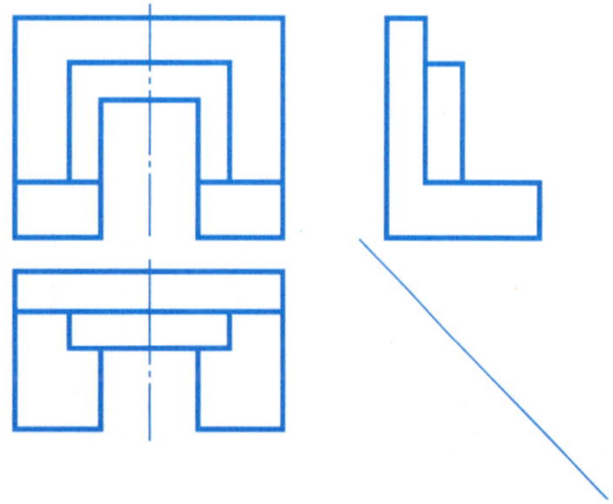

3.

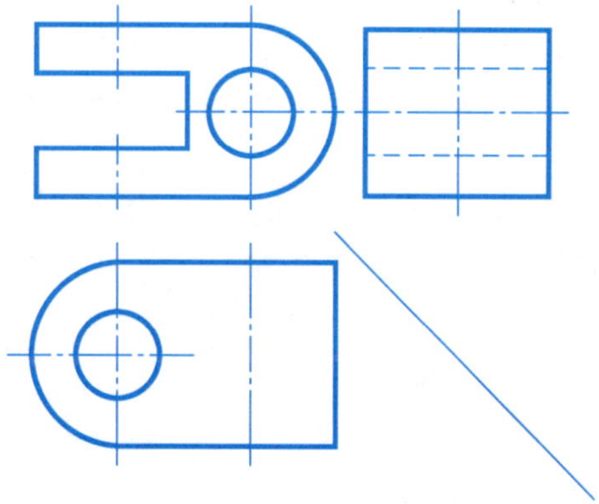

4.

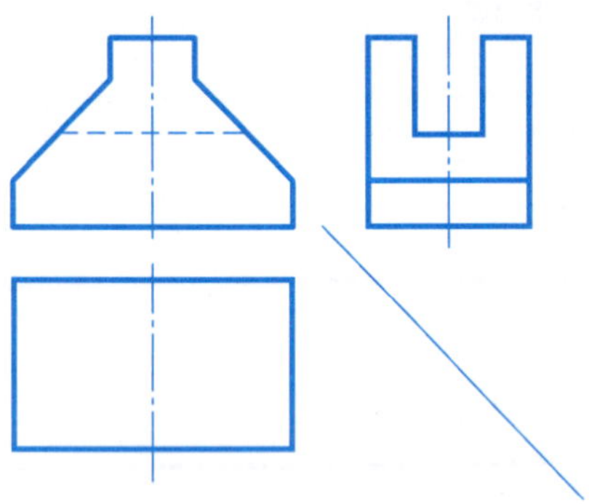

5.

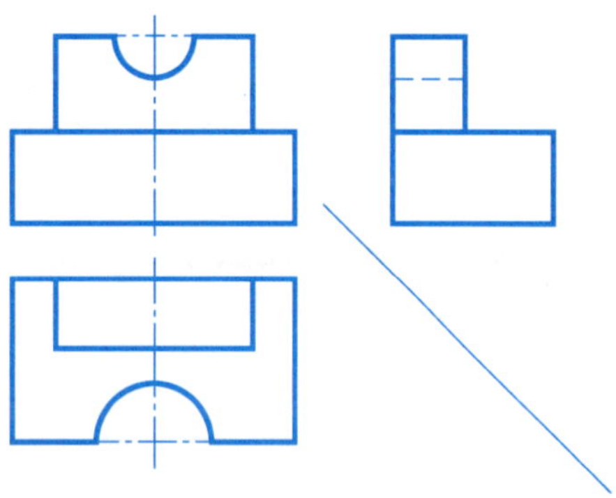

6.

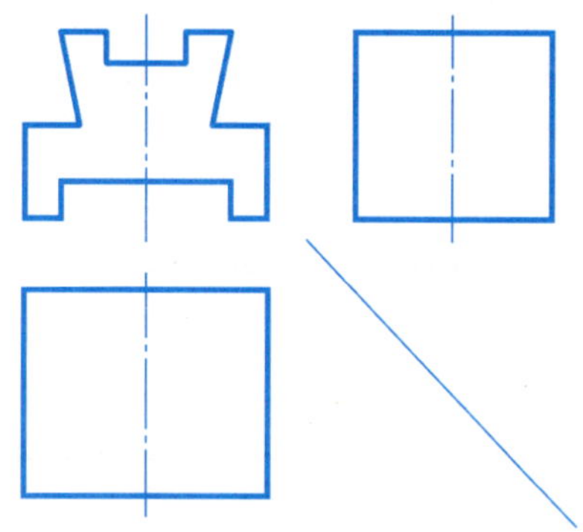

8-2 根据已知两视图，补画第三视图 | 班级 | 姓名 | 学号

1.

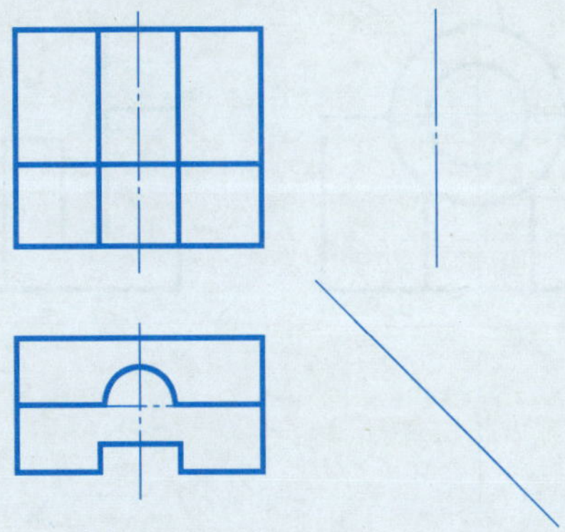

2.

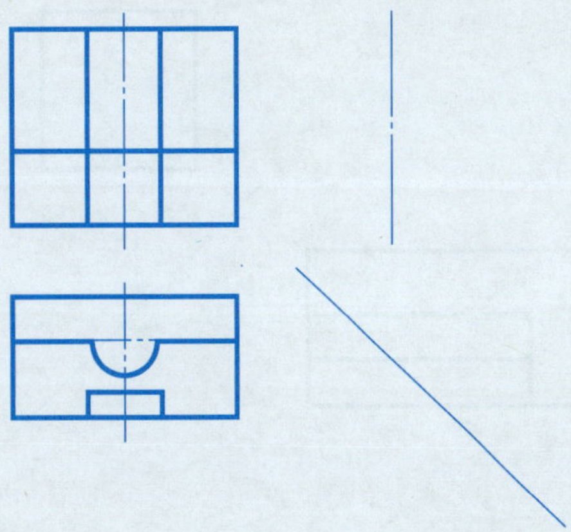

3.

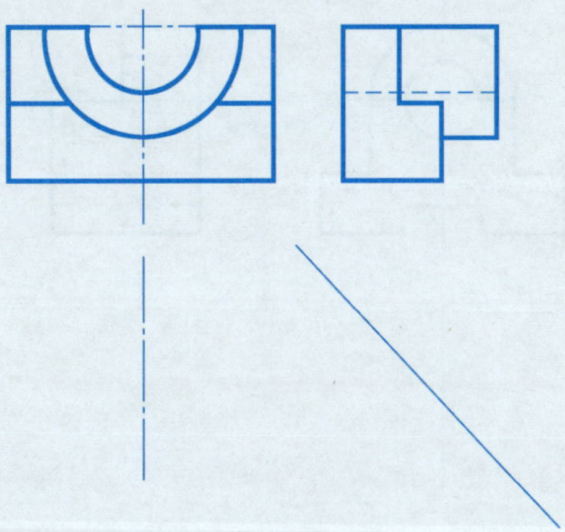

4.

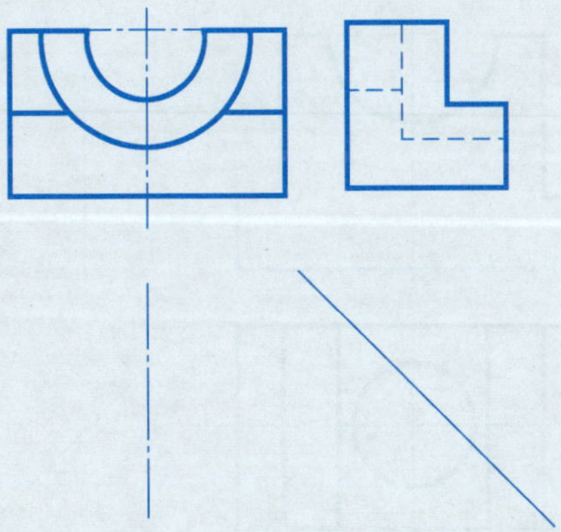

5.

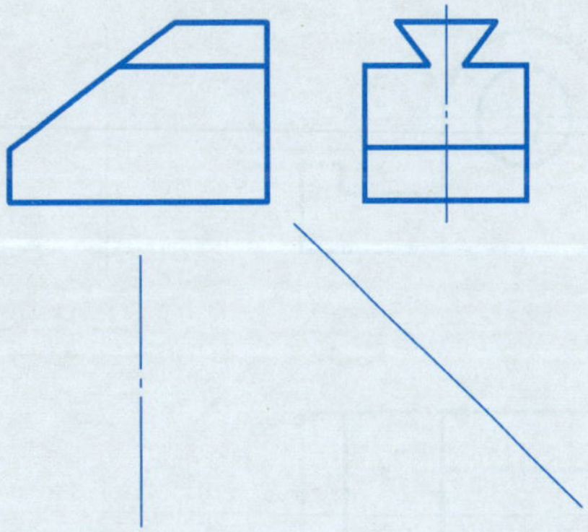

6.

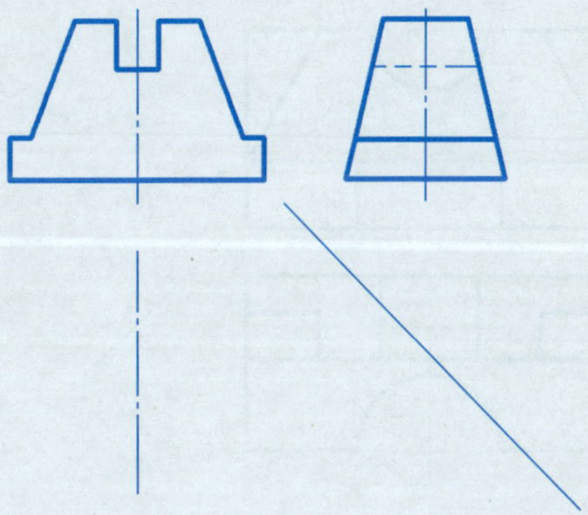

8-2 根据已知两视图，补画第三视图

班级　　姓名　　学号

7.

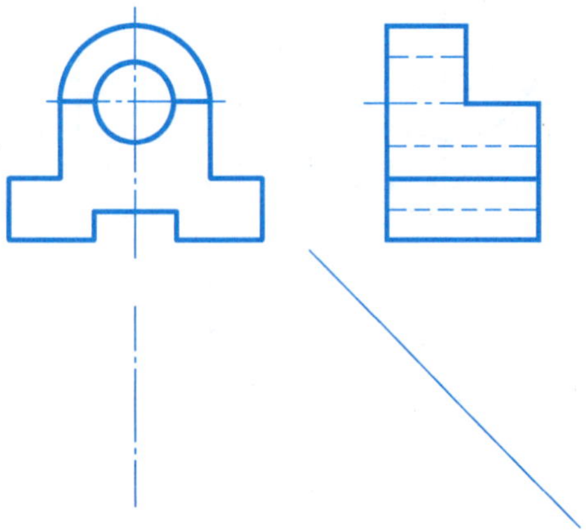

8.

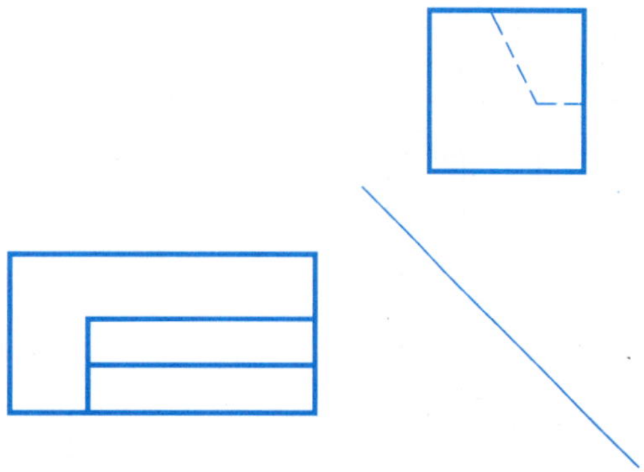

9.

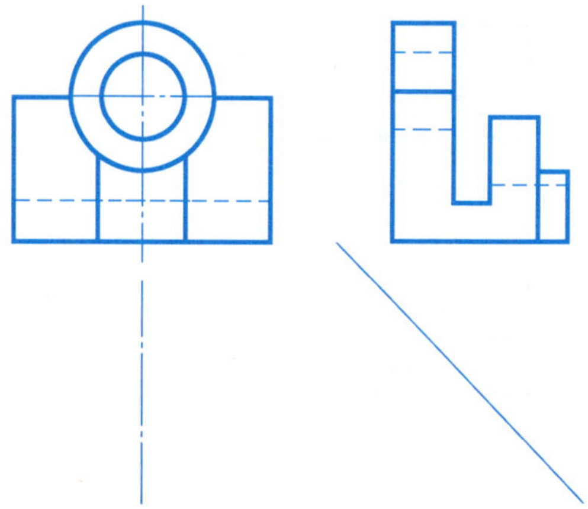

10.

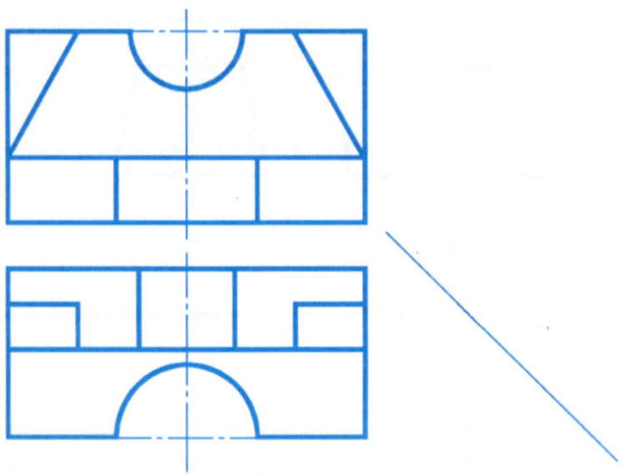

11.

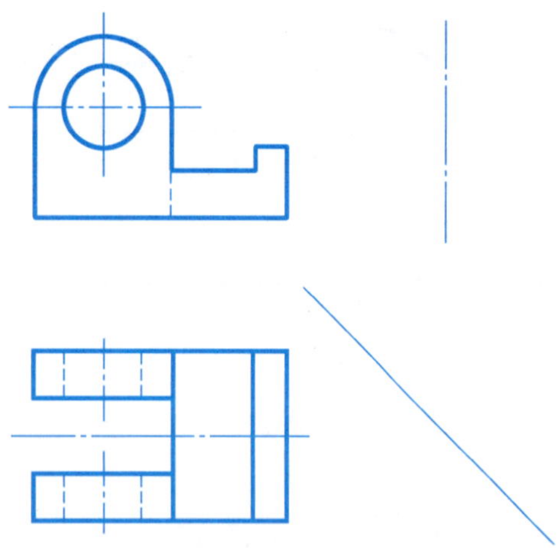

12.

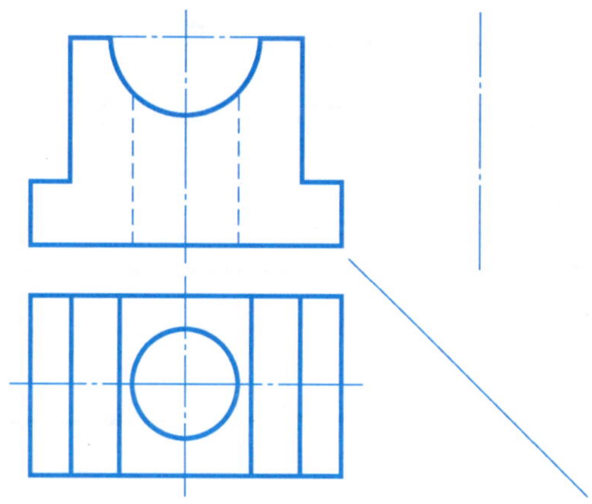

8-2 根据已知两视图，补画第三视图	班级	姓名	学号

13.

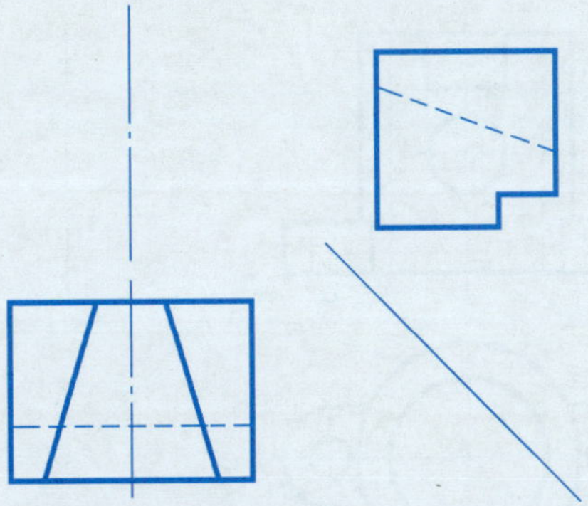

14.

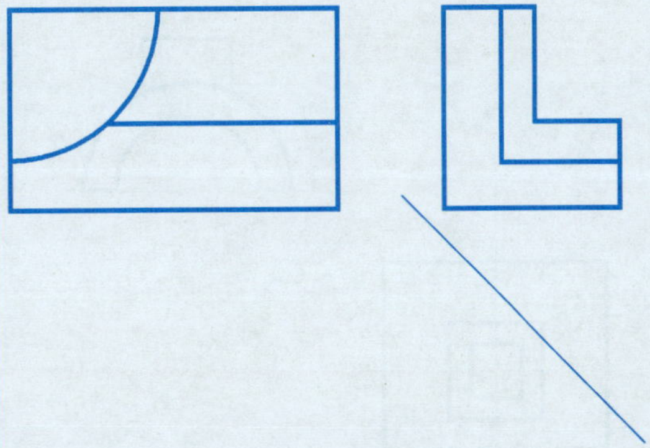

15.

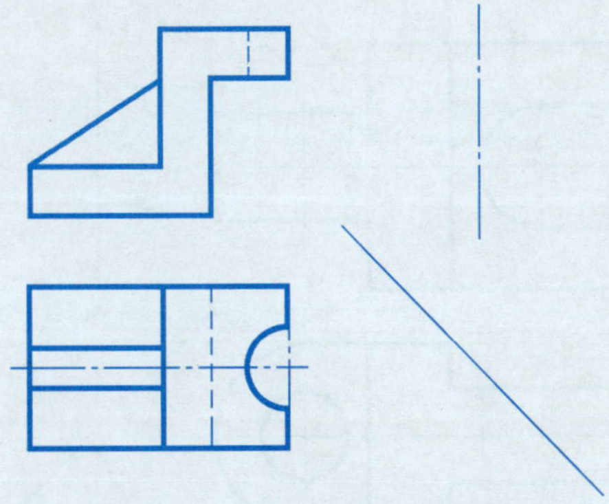

16.

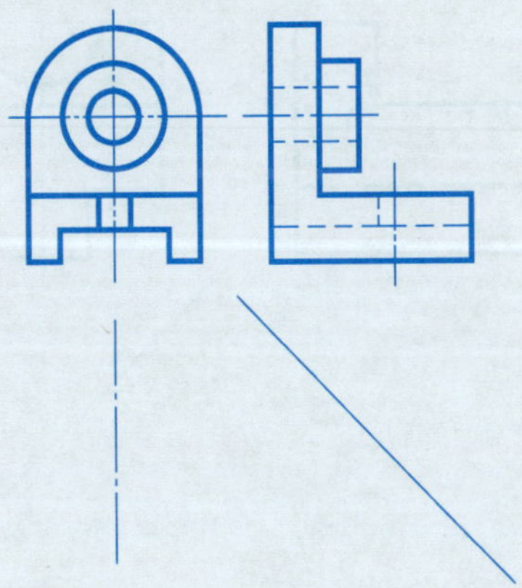

17.

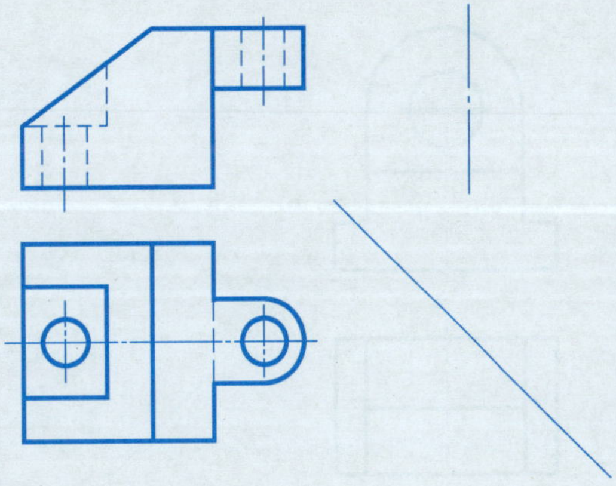

18.

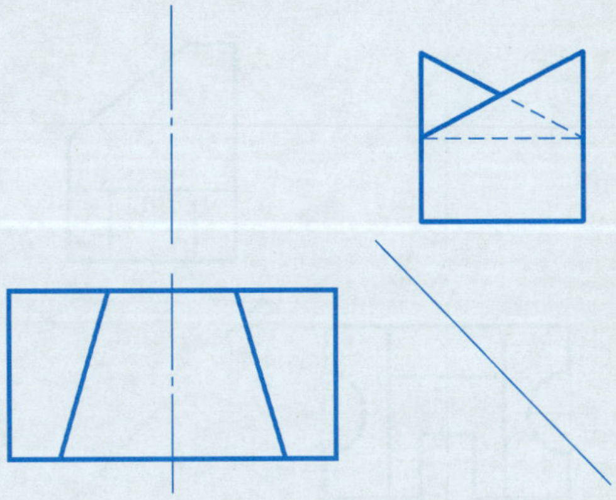

8-2 根据已知两视图，补画第三视图

班级　　姓名　　学号

19.

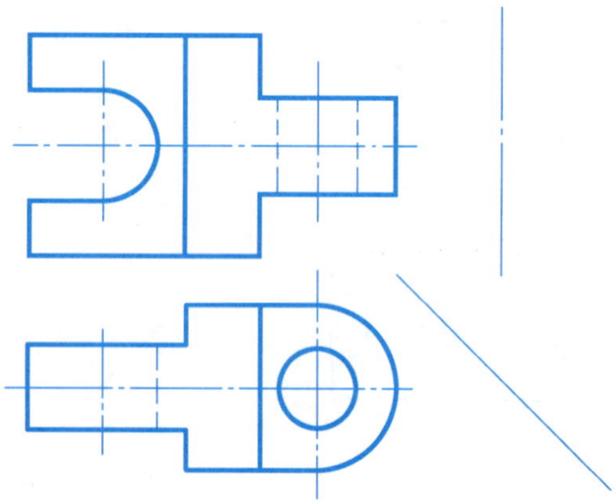

20.

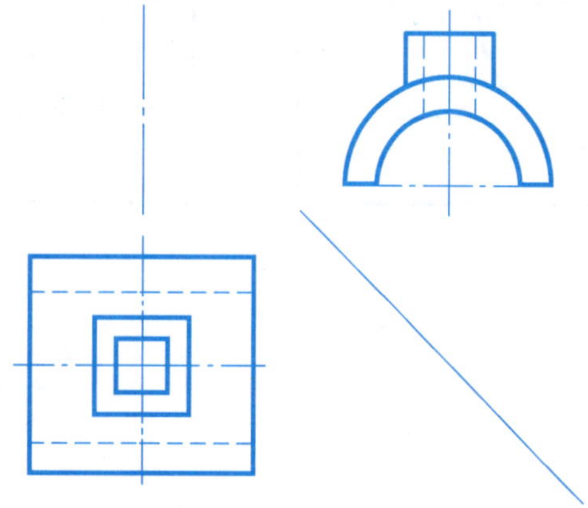

21.

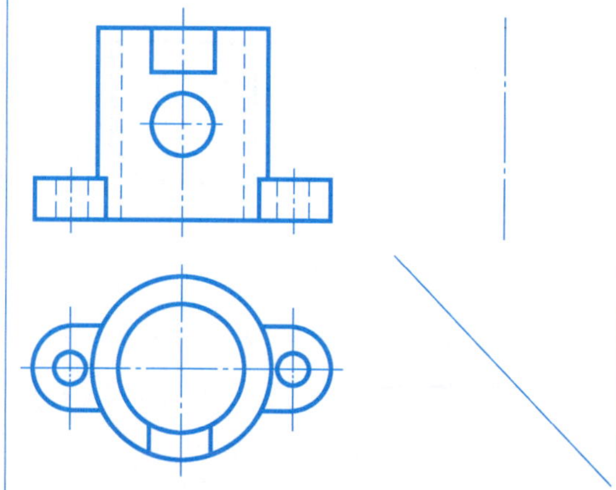

22.

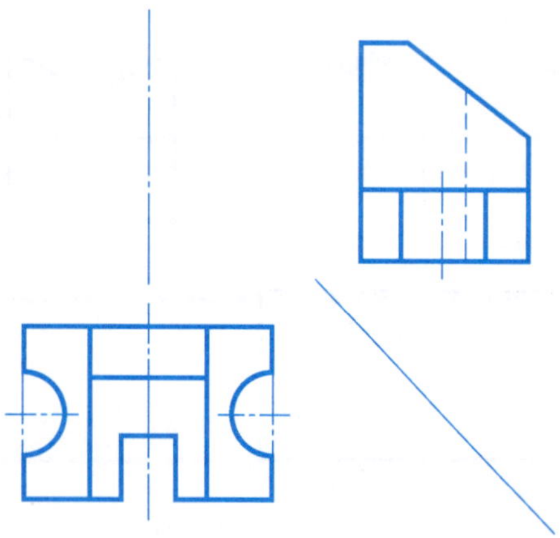

23.

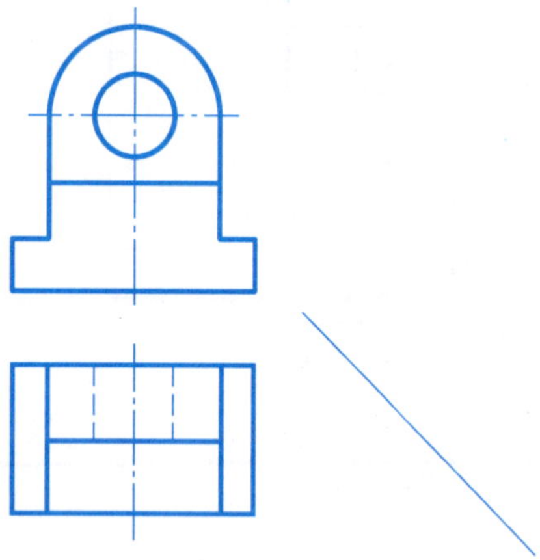

24.

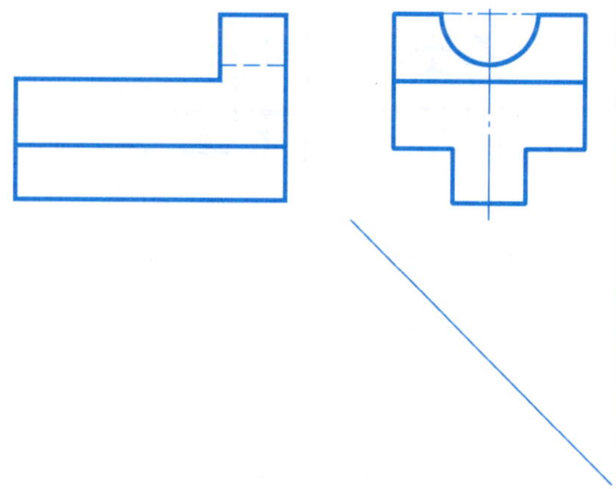

8-2 根据已知两视图，补画第三视图

班级　　　　姓名　　　　学号

25.

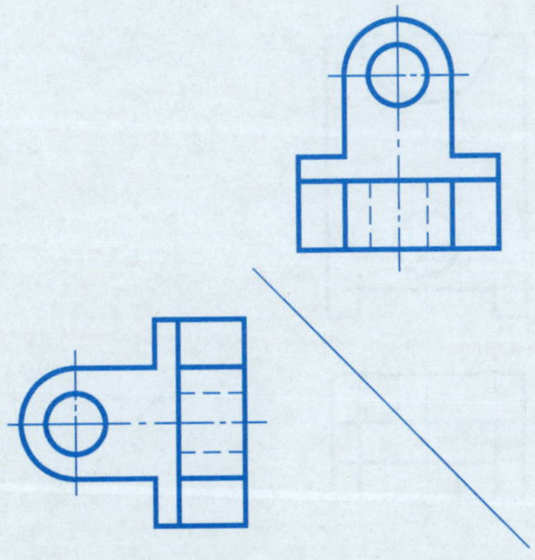

26.

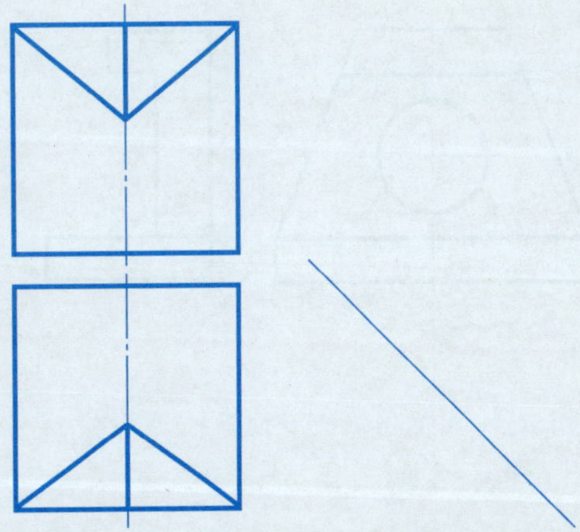

27.

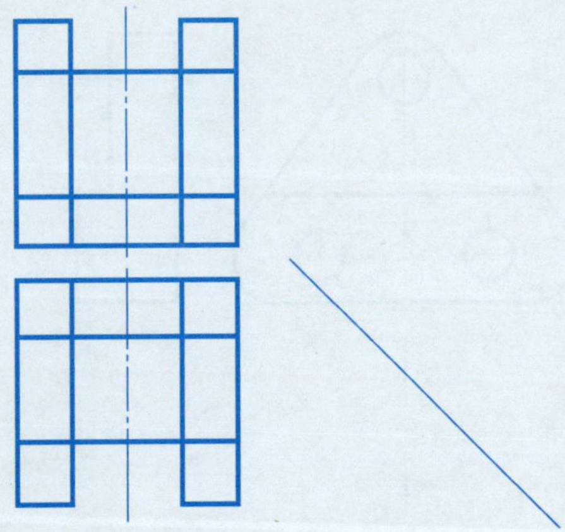

28.

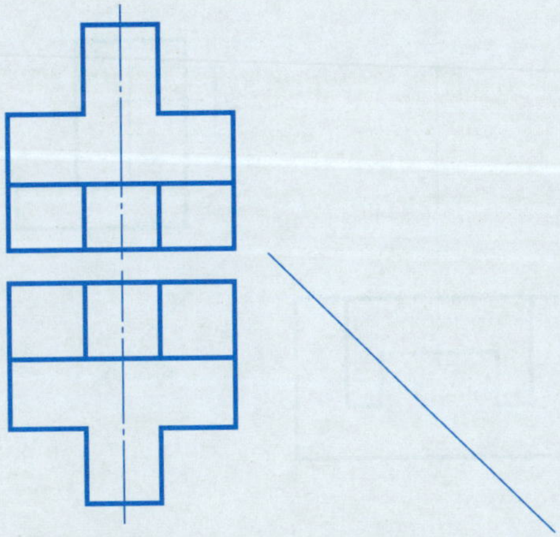

29.

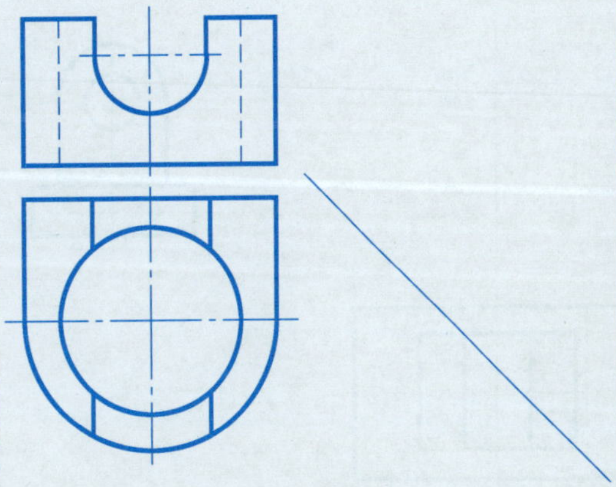

30.

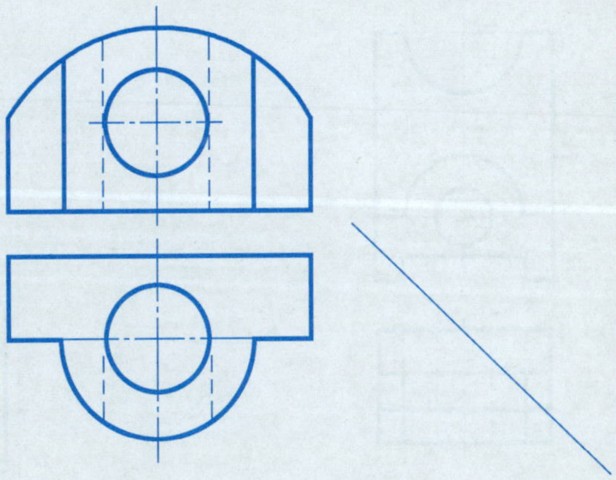

8-2 根据已知两视图，补画第三视图

班级 姓名 学号

31.

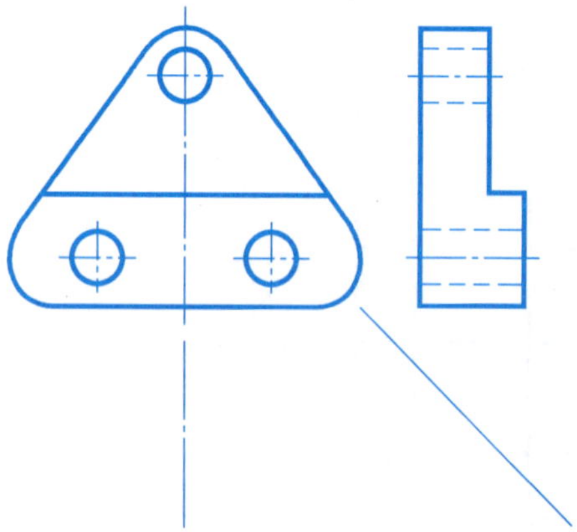

32.

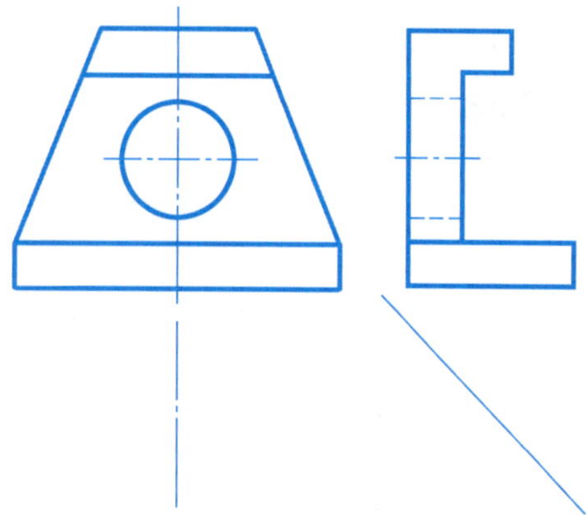

33.

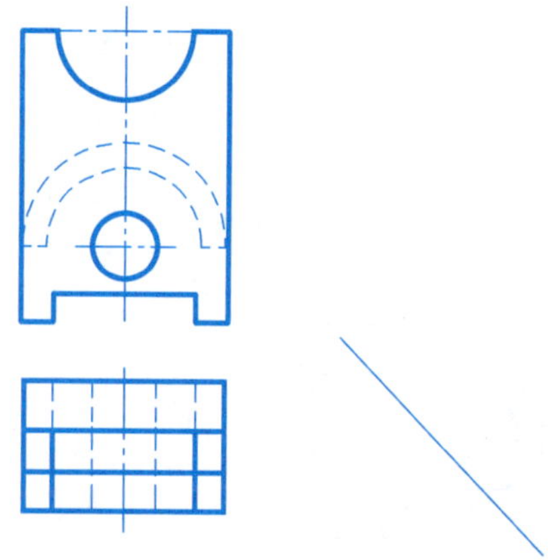

34.

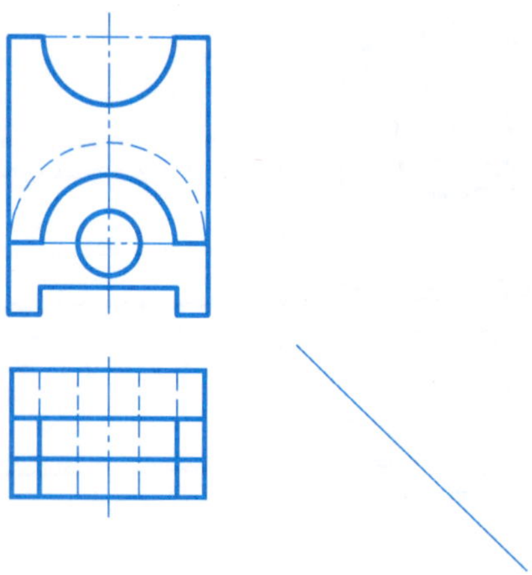

35.

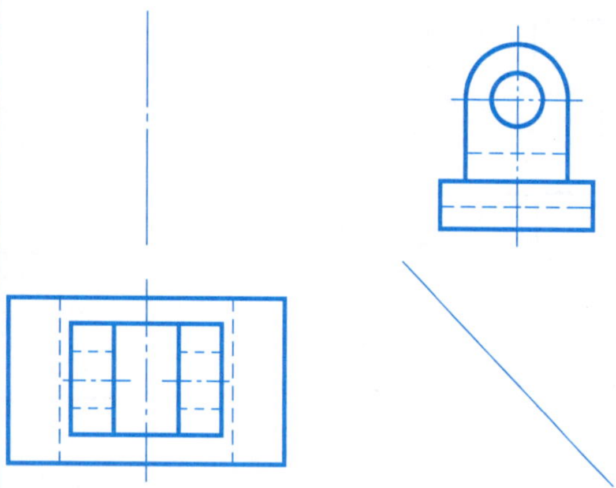

36.

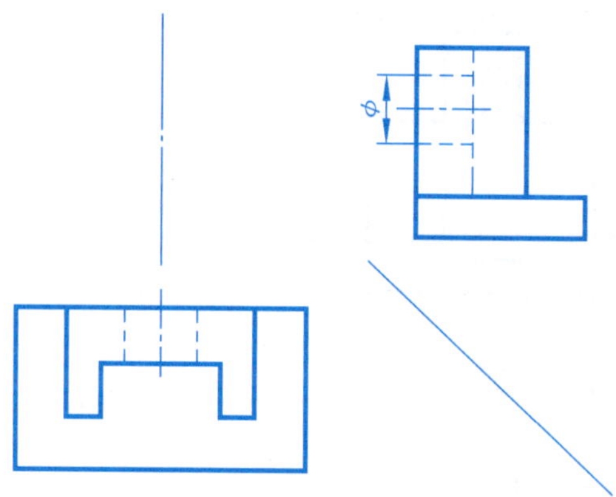

任务 9　支座三视图的 CAD 实现

用 CAD 软件绘制组合体的三视图	班级	姓名	学号

1. 抄画下列组合体的三视图，并标注尺寸。

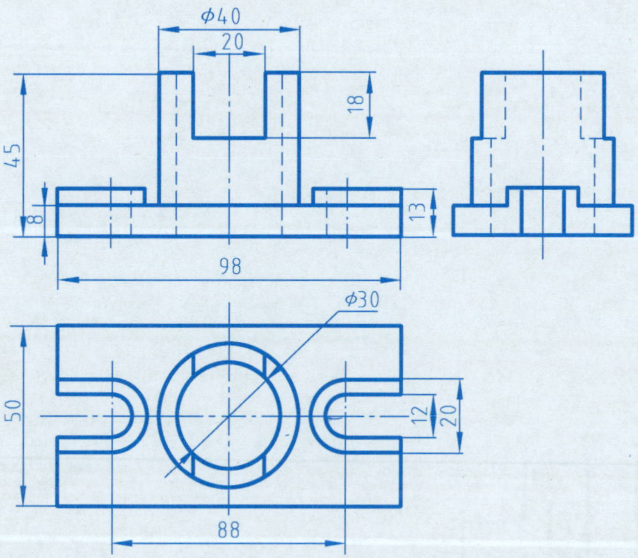

2. 抄画下列组合体的主视图和俯视图，并补画左视图。

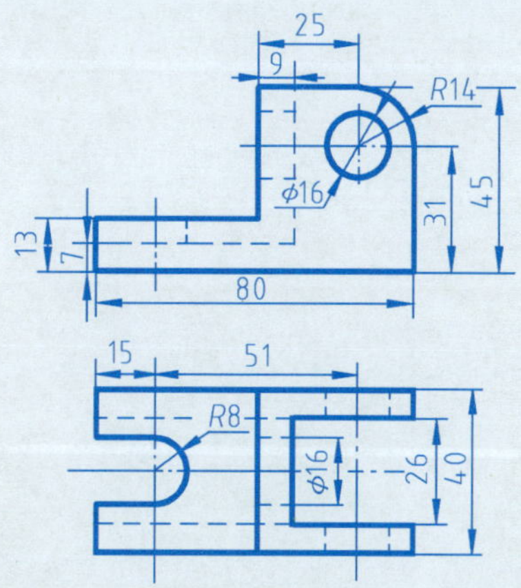

3. 抄画下列组合体的主视图和左视图，并补画俯视图。

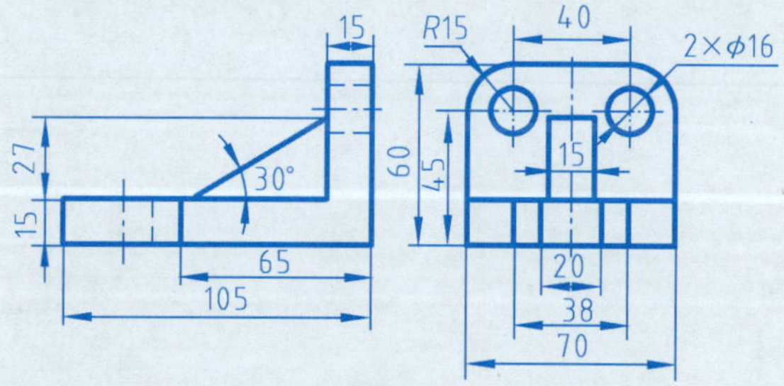

任务 10　绘制定位块的六视图

10-1　基本视图的表达方法	班级	姓名	学号

1. 根据主、俯、左视图，补画右、后、仰视图。

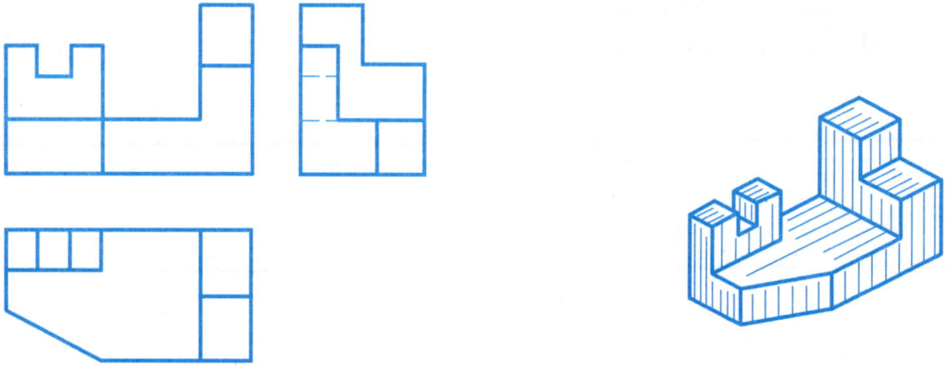

10-1 基本视图的表达方法　　班级　　姓名　　学号

2. 根据主、俯、左视图，补画右、后、仰视图。

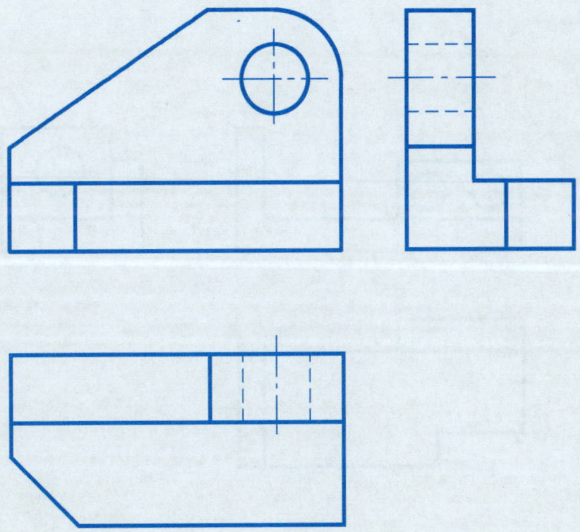

10-1 基本视图的表达方法

班级　　　　姓名　　　　学号

3. 根据主、俯、左三视图，补画右、后、仰视图。

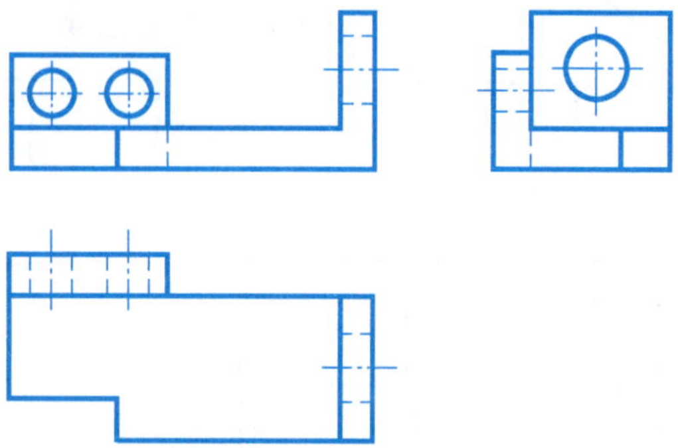

10-2 绘制向视图

班级　　　　姓名　　　　学号

1. 根据主、俯、左视图及轴测图，在指定位置画出 *D* 向和 *F* 向视图。

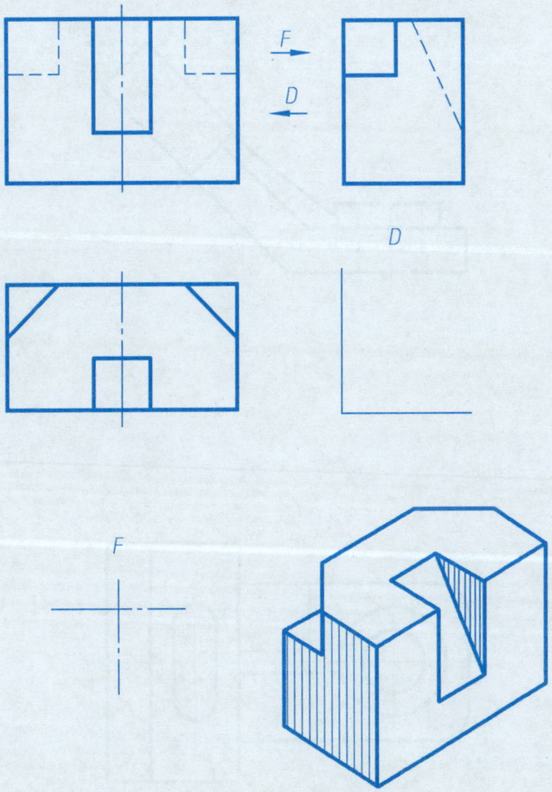

2. 根据主、俯视图，画出 *A* 向和 *B* 向视图。

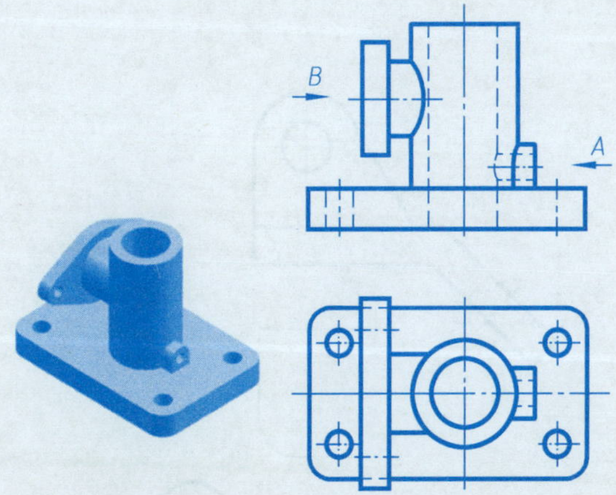

任务 11　绘制和识读压紧杆的视图

11-1　绘制斜视图及局部视图	班级　　　　姓名　　　　学号

1. 补画斜视图和局部图（按比例取尺寸）。

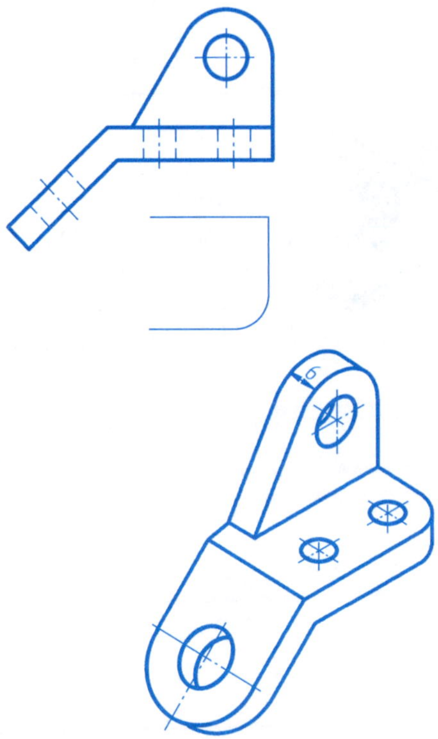

2. 根据主、俯视图，画出 *A* 向斜视图（可旋转配置），并按规定标注。

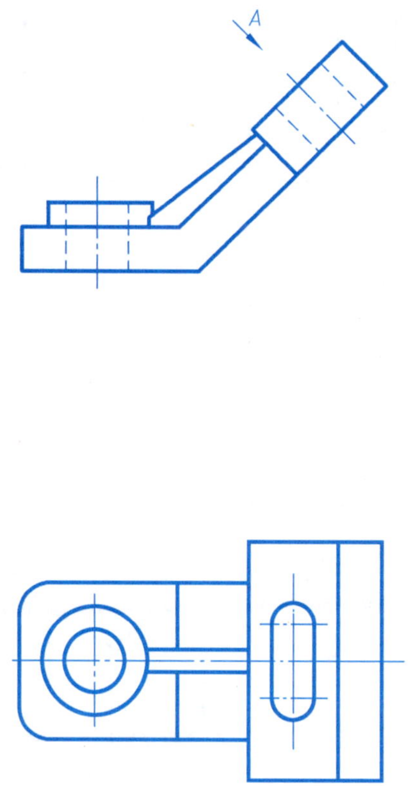

11-2　绘制斜视图与综合练习

班级　　　　　　姓名　　　　　　学号

1. 根据主、左视图，画出底板的实形。

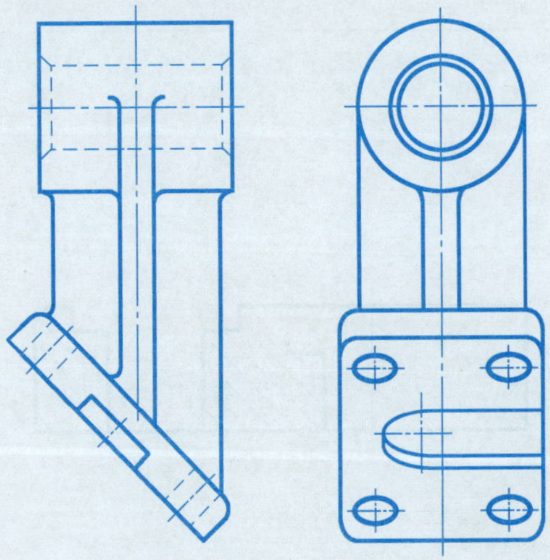

2. 视图综合练习。说明下列几处图形的画法是否正确：

①处 *A* 向视图的槽口位置画得对吗？②、③处斜视图的注法对吗？④处波浪线的范围画得对吗？⑤处 *B* 向局部视图需要标注吗？⑥处 *C* 向视图方向画得对吗？⑦处 *C* 向局部视图的波浪线范围画得对吗？波浪线可否省略不画？⑧处 *A* 向斜视图的旋转画法和注法对吗？

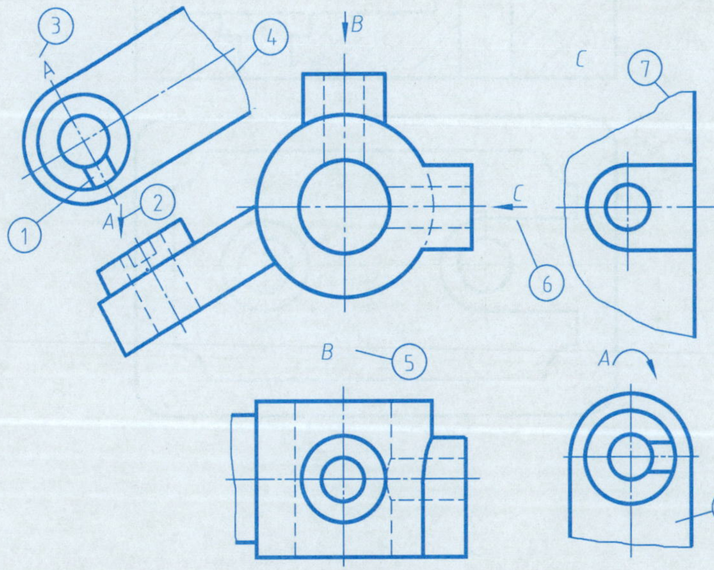

任务 12　绘制连接座的剖视图

12-1　补画全剖视图中漏画的图线	班级　　　　姓名　　　　学号

1.

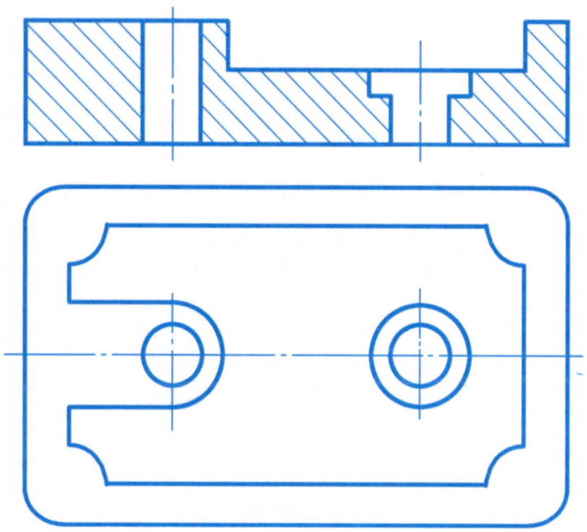

2.

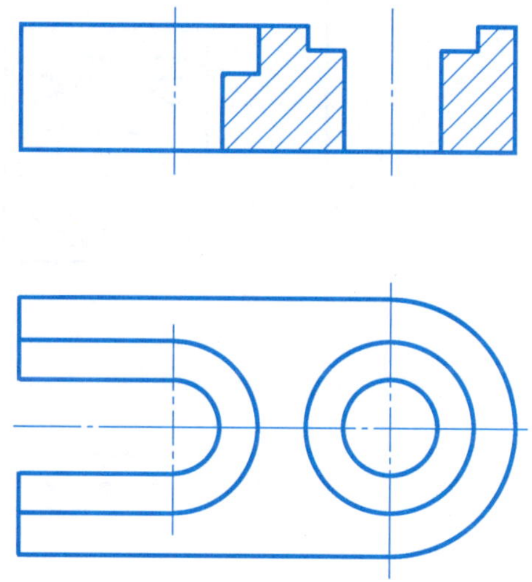

12-1 补画全部视图中漏画的图线 | 班级 | 姓名 | 学号

3.

4.

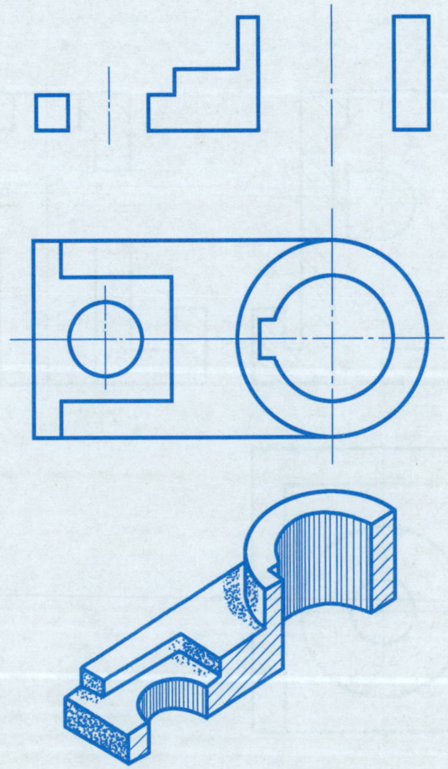

12-1 补画全剖视图中漏画的图线　　班级　　姓名　　学号

5.

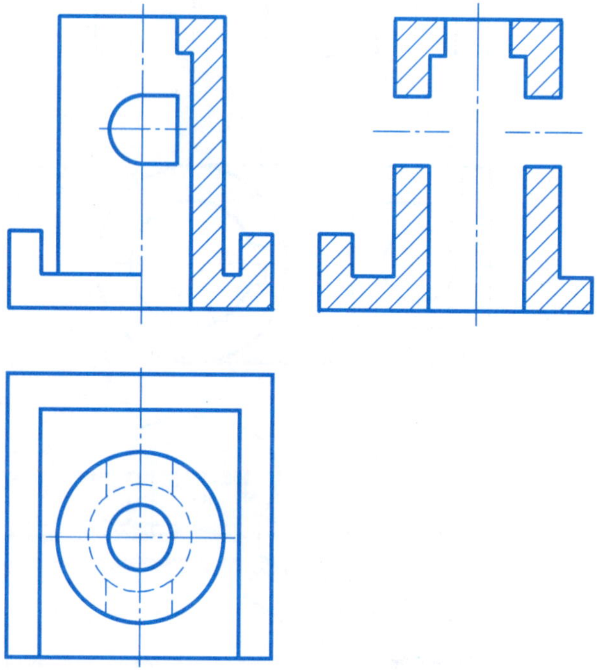

6.

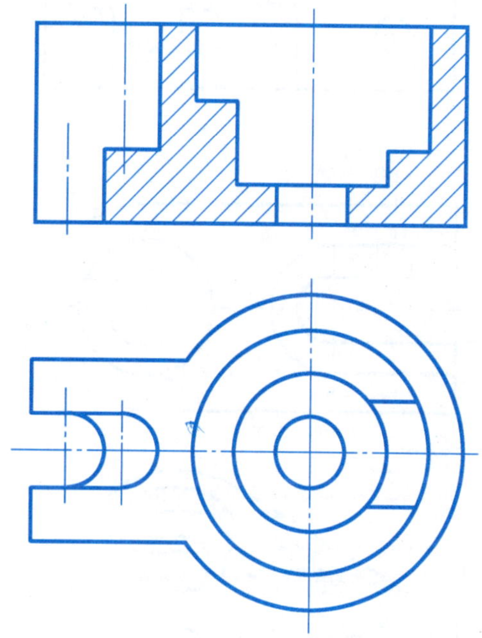

12-1 补画全剖视图中漏画的图线

班级　　姓名　　学号

7.

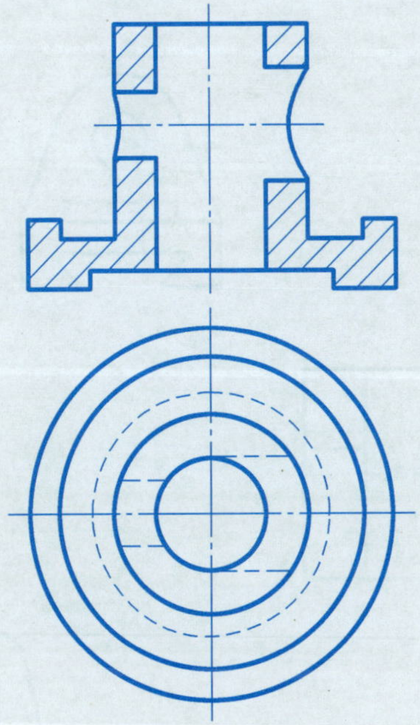

8.

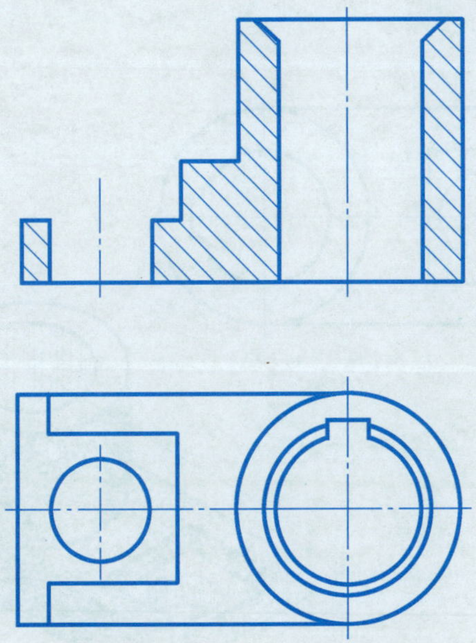

12-2 将主视图改画成全剖视图

班级　　　　姓名　　　　学号

1.

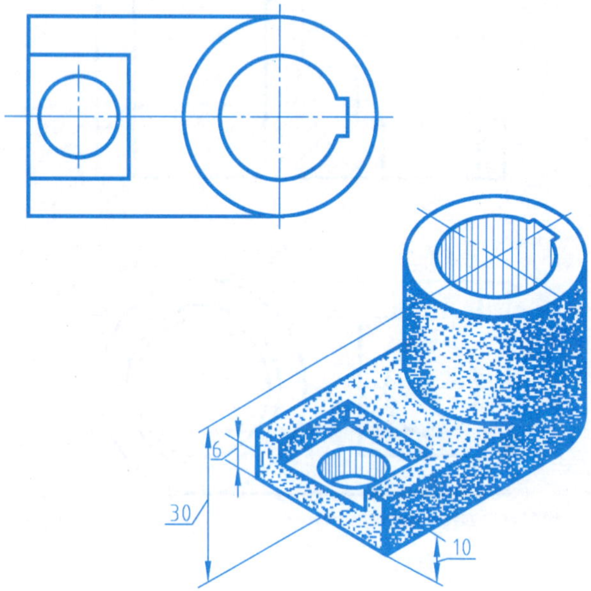

2.

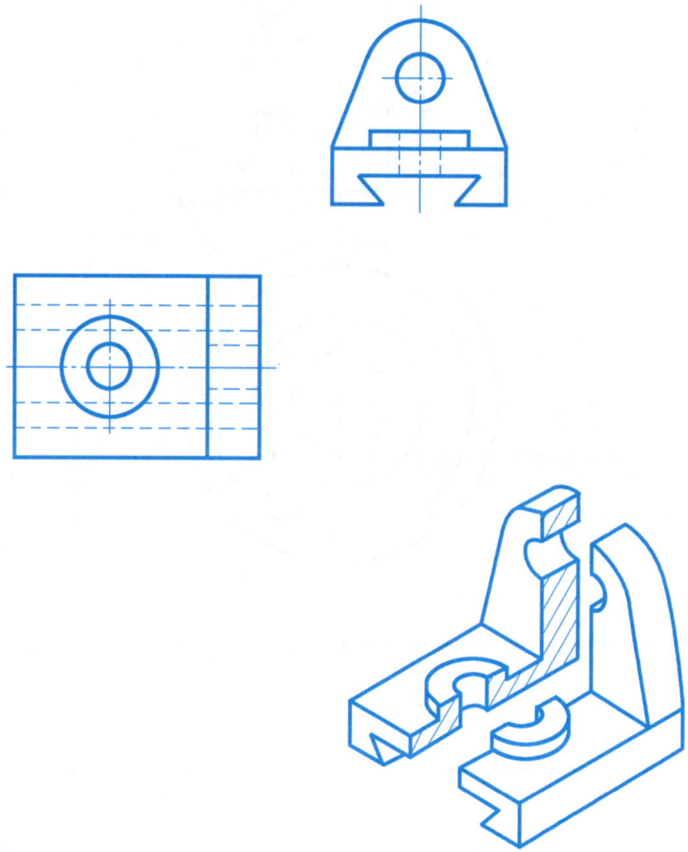

12-3 剖视图的画法

班级　　　　姓名　　　　学号

1. 选择正确的全剖视图，在相应的括号内画“√”，并说明原因。

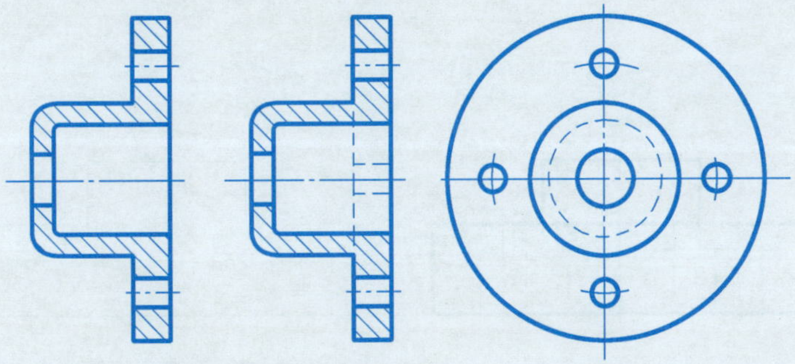

(　)　　　　(　)

2. 选择正确的全剖视图，在相应的括号内画“√”，并说明原因。

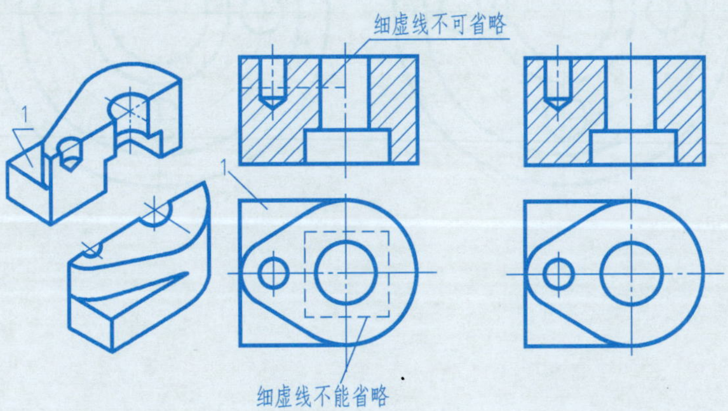

(　)　　　　(　)

3. 补画下面的剖视图中漏画的图线。

12-4 用单一剖切平面将主视图改画成全剖视图

班级　　　　姓名　　　　学号

1.

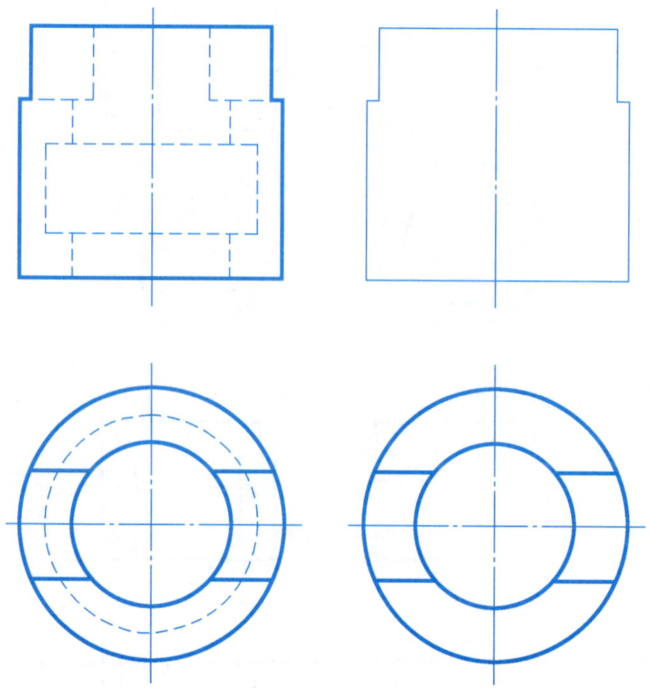

2.

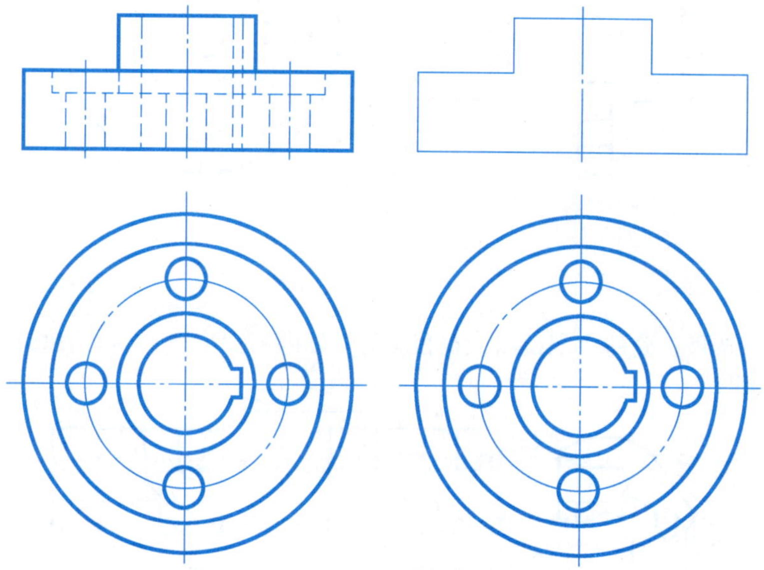

12-4 用单一剖切平面将主视图改画成全剖视图

班级 姓名 学号

3.

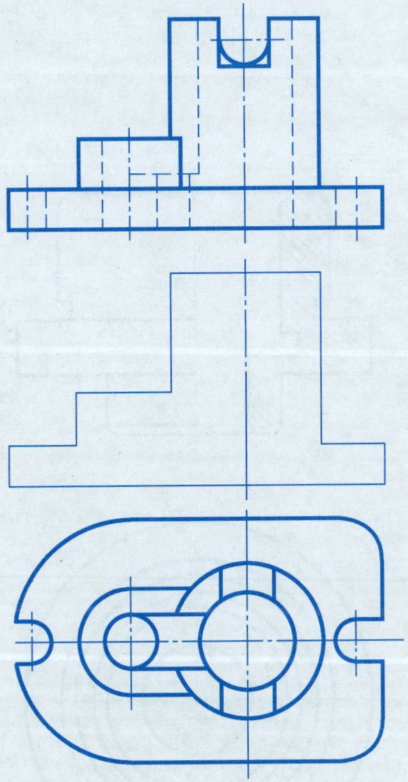

4.

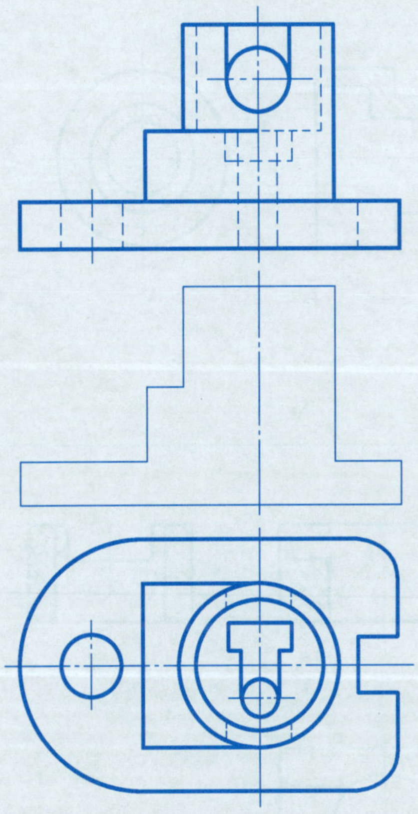

任务 13　绘制转接法兰的剖视图

13-1　补全剖视图中漏画的图线

班级　　　　姓名　　　　学号

1.

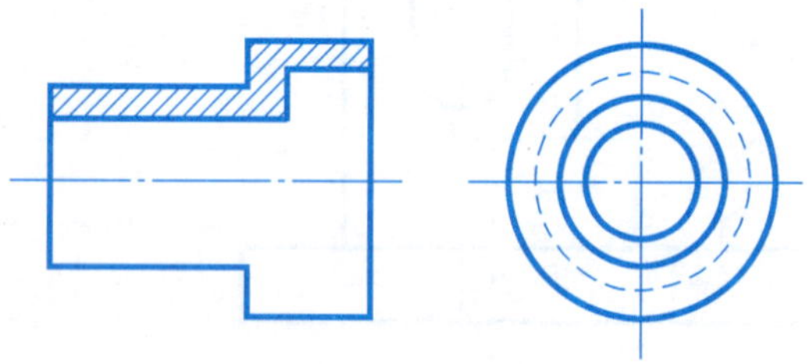

2.

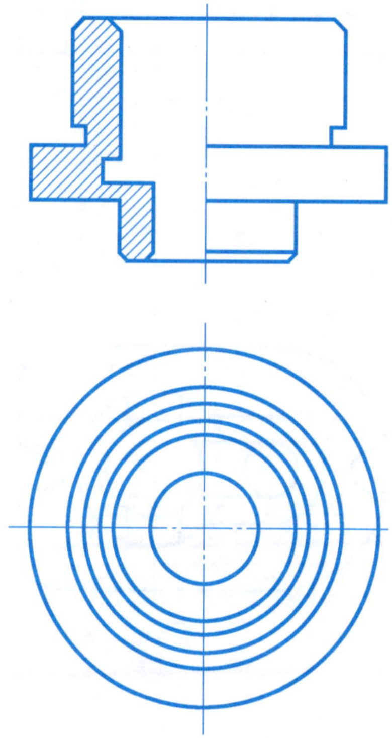

3.

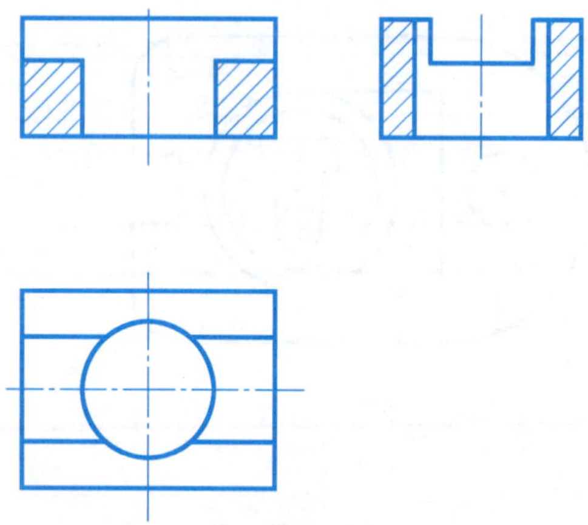

13-2 将主视图改画成半剖视图

班级　　姓名　　学号

1.

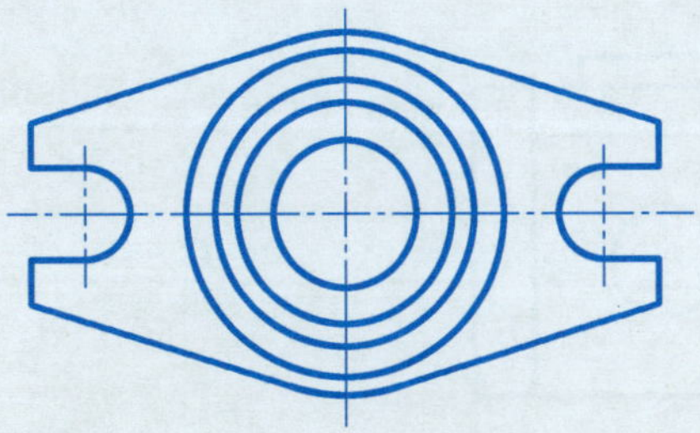

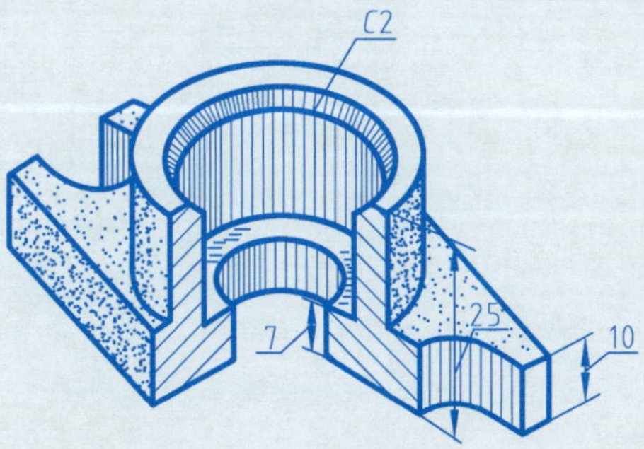

2.

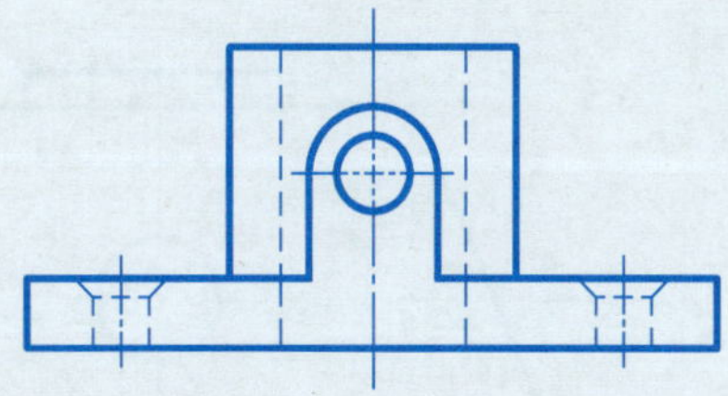

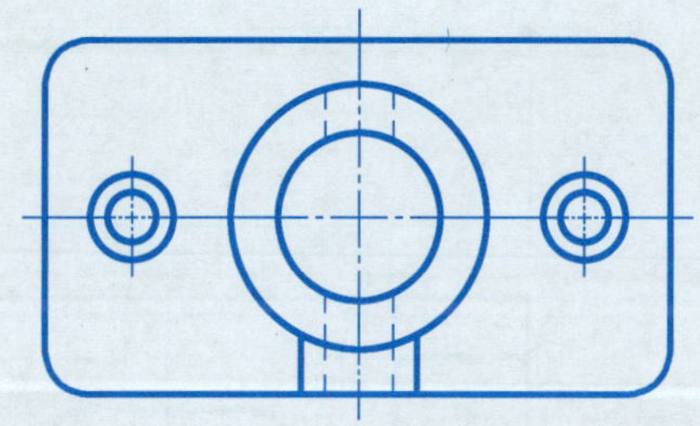

13-3 在指定的位置画出 A—A 半剖视图，并将左视图改画成半剖视图　　班级　　姓名　　学号

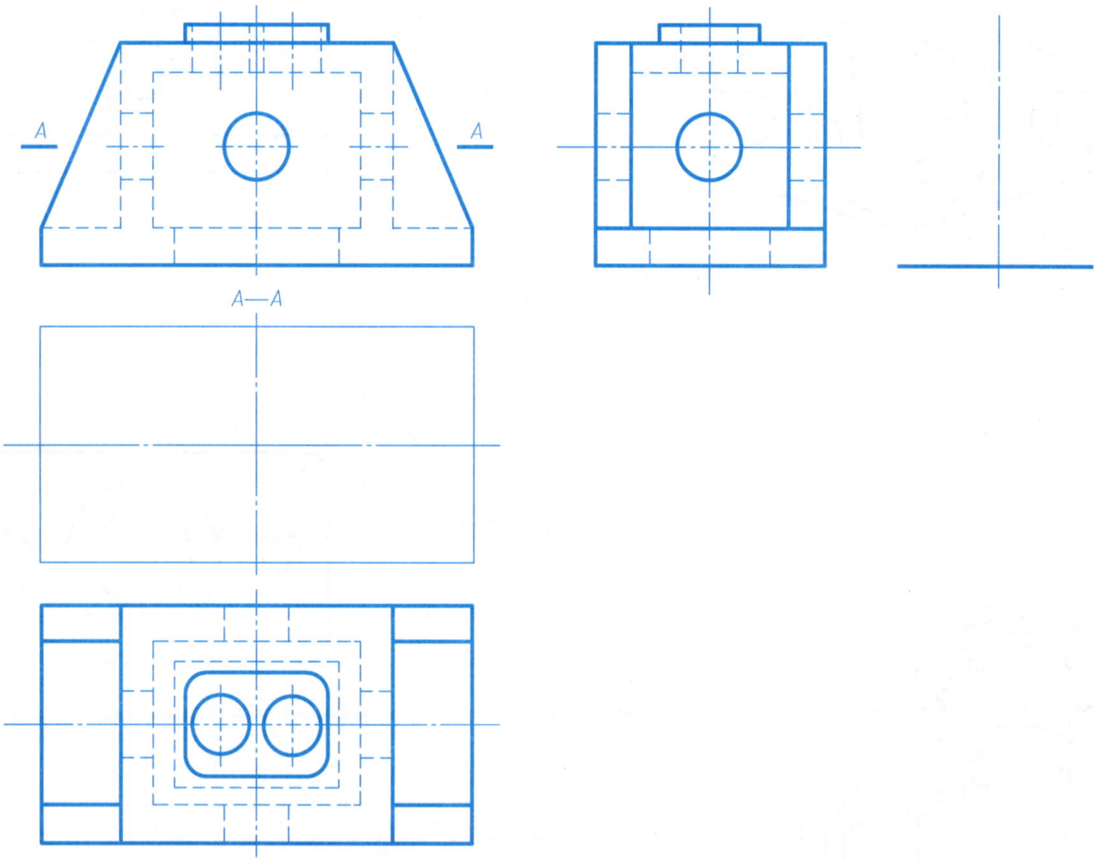

13-4 局部剖视图的画法

班级　　　　姓名　　　　学号

1. 选择正确的局部剖视图，并在相应的括号内画“√”。

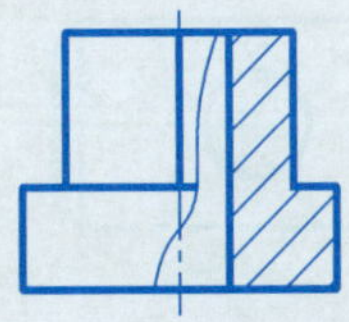

(　　)

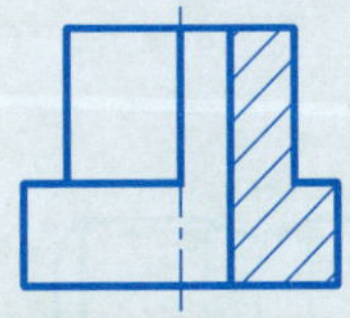

(　　)

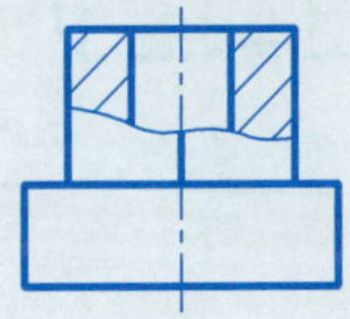

(　　)

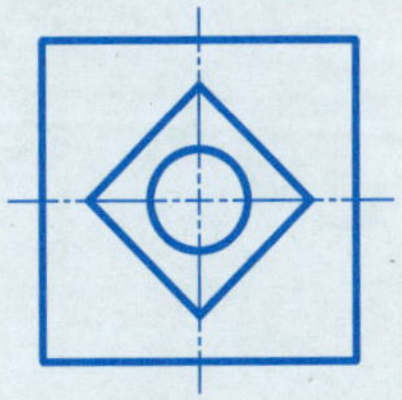

2. 选择正确的局部剖视图，并在相应的括号内画“√”。

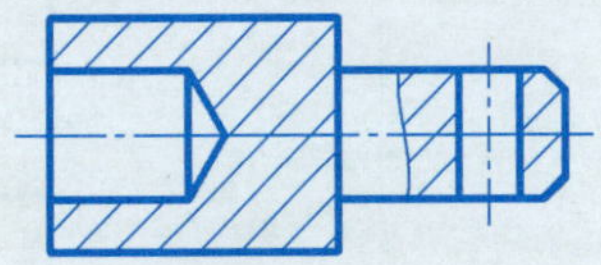

(　　)

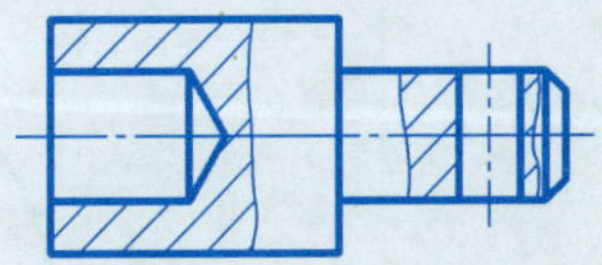

(　　)

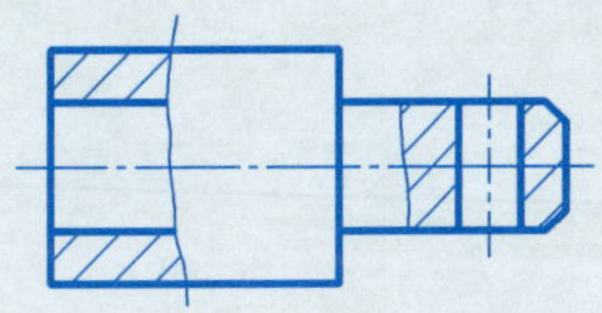

(　　)

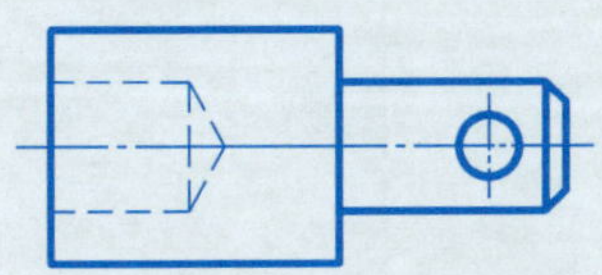

3. 选择正确的局部剖视图，并在相应的括号内画“√”。

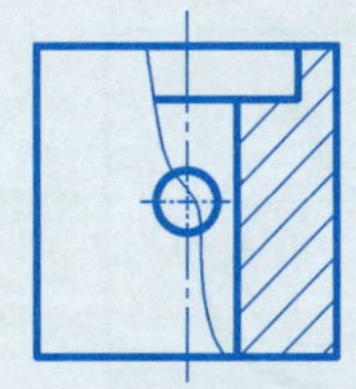

(　　)

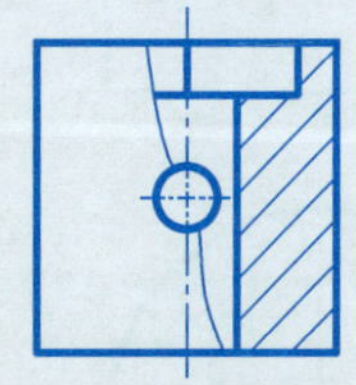

(　　)

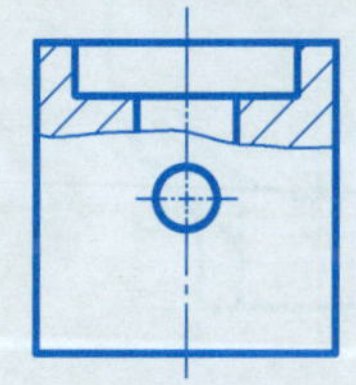

(　　)

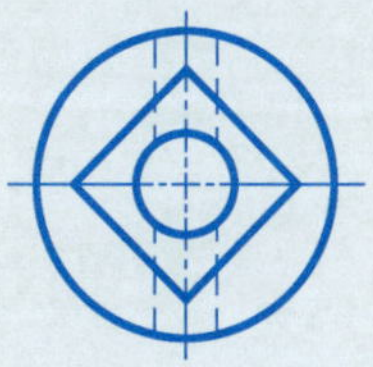

13-4 局部剖视图的画法

班级　　　　姓名　　　　学号

4. 找出下面的局部剖视图中的错误之处，并将正确的画法画在右图中。

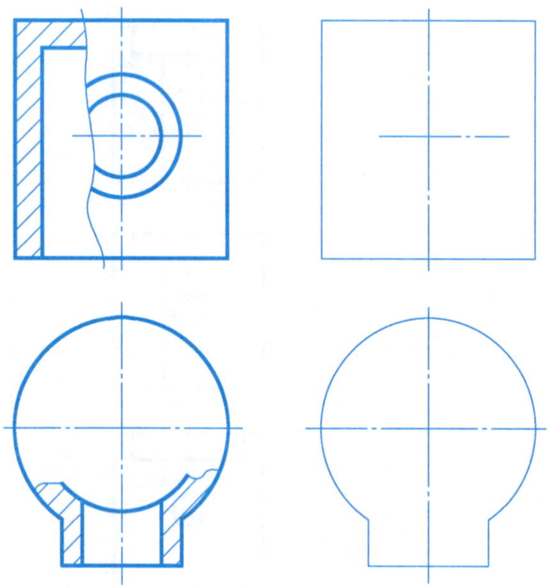

5. 将下面的视图改画成局部剖视图。

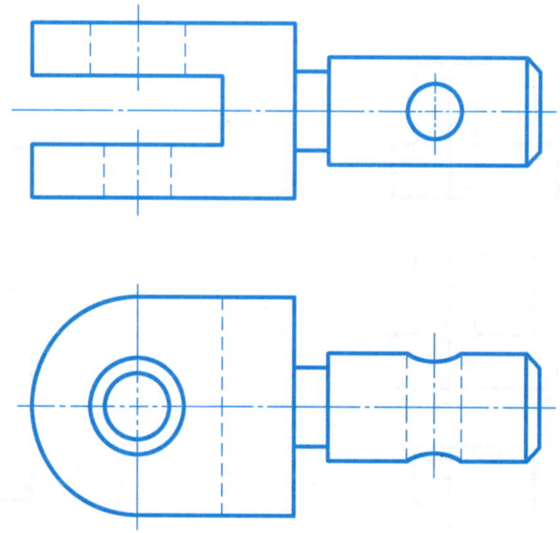

任务 14　绘制固定板的剖视图

14-1　用几个平行的剖切平面将主视图改画成剖视图	班级　　　　姓名　　　　学号

1.

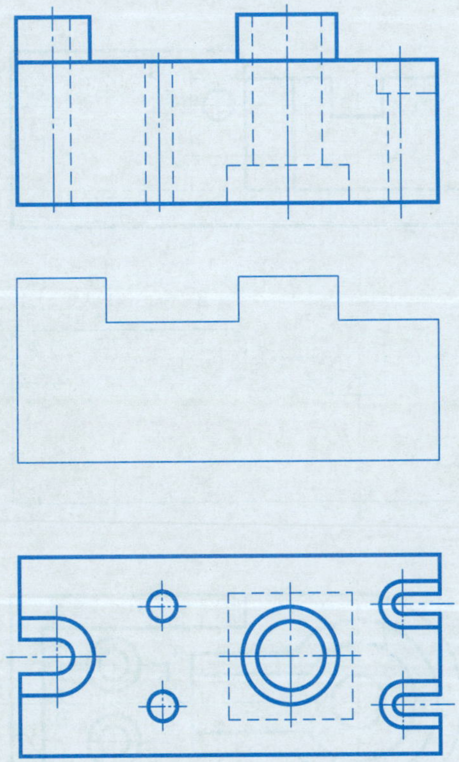

2.

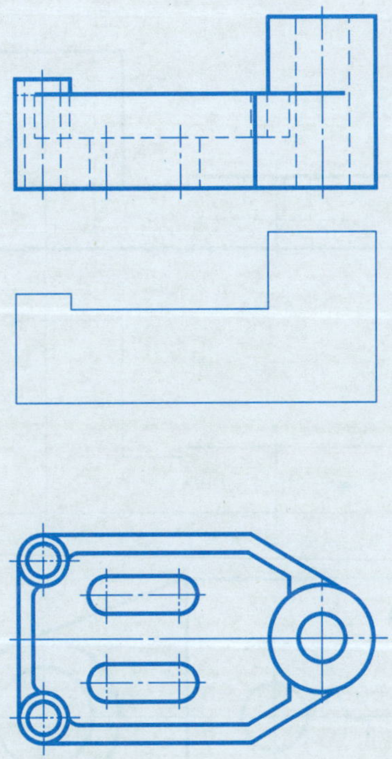

 班级 姓名 学号

3.

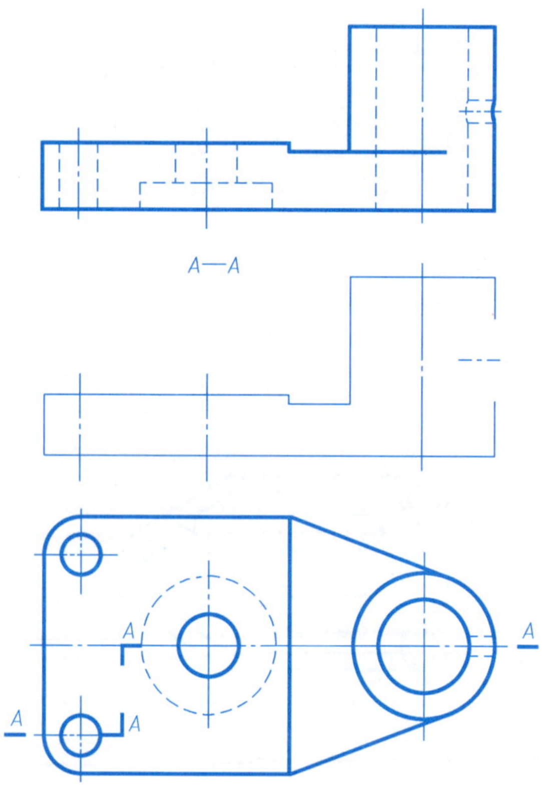

4.

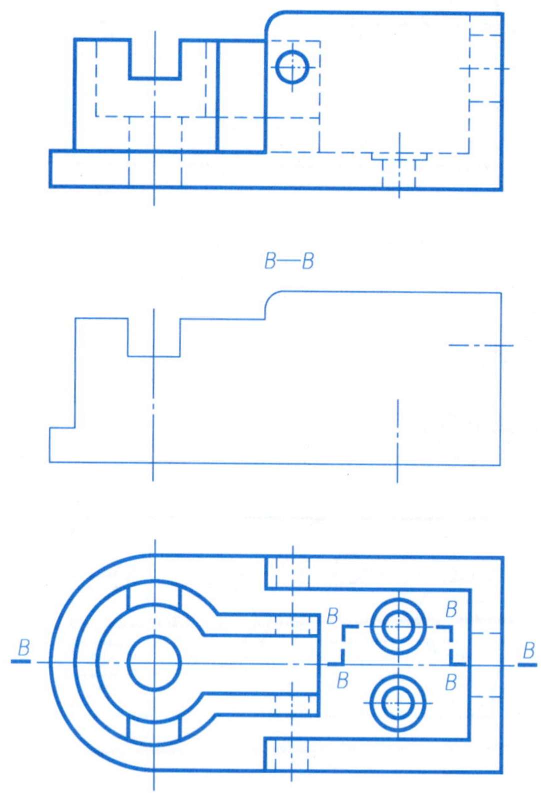

14-2 找出并改正剖视图中错误的标注及画法

班级　　　　姓名　　　　学号

1. 找出下面的剖视图中错误的标注及画法，直接在剖视图中改正。

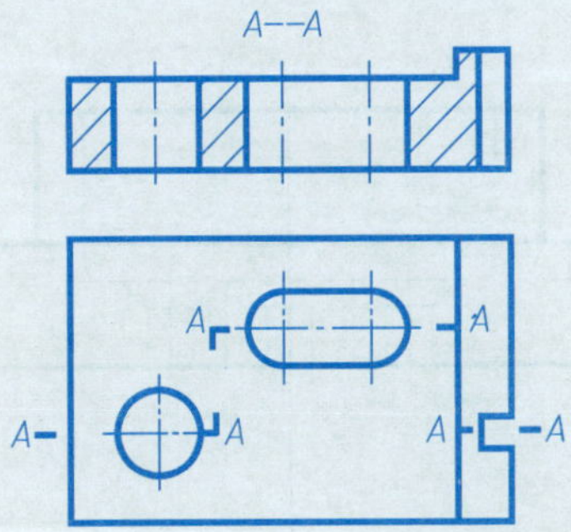

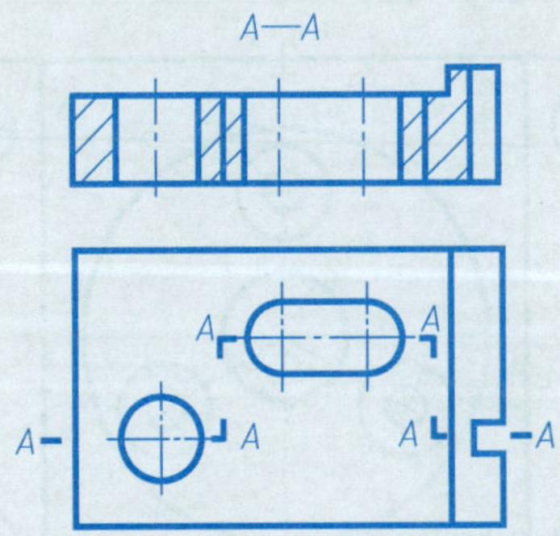

2. 找出下面的剖视图中错误的标注及画法，直接在剖视图中改正。

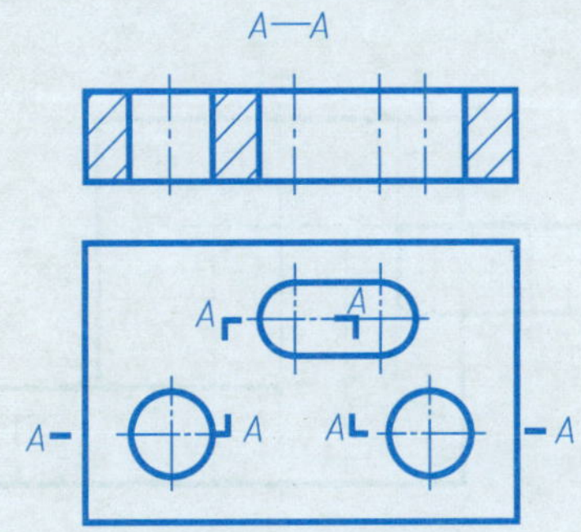

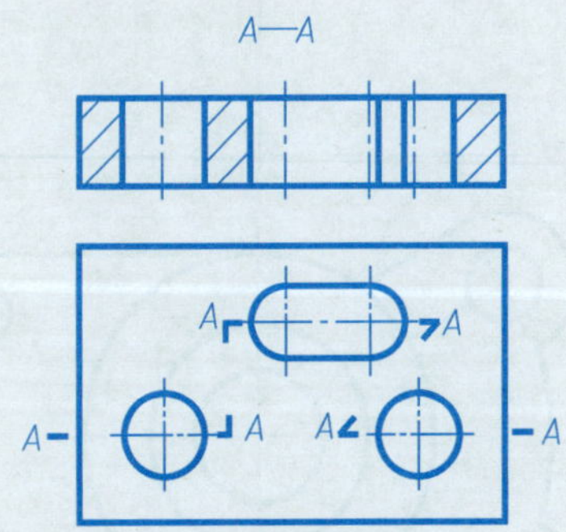

14-3 用相交的剖切平面将主视图改画成剖视图

班级　　姓名　　学号

1.

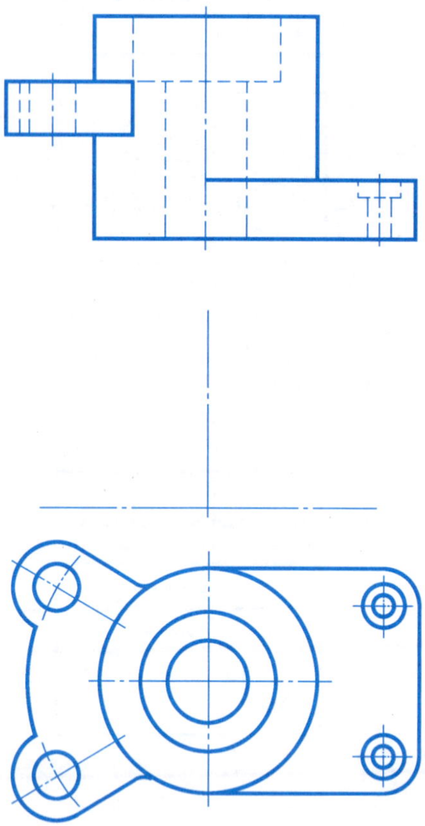

2.

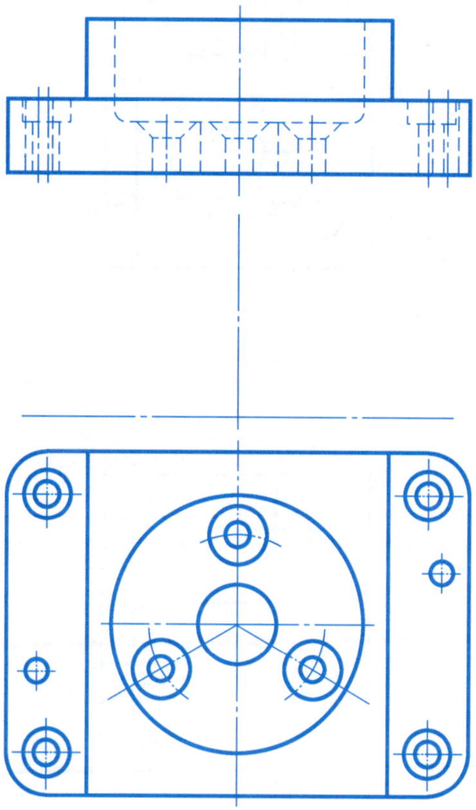

14-3 用相交的剖切平面将主视图改画成剖视图

班级　　　　姓名　　　　学号

3.

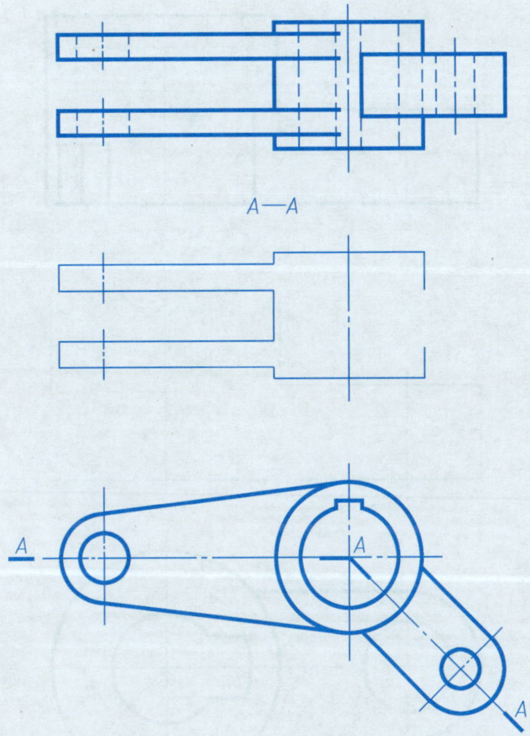

4.

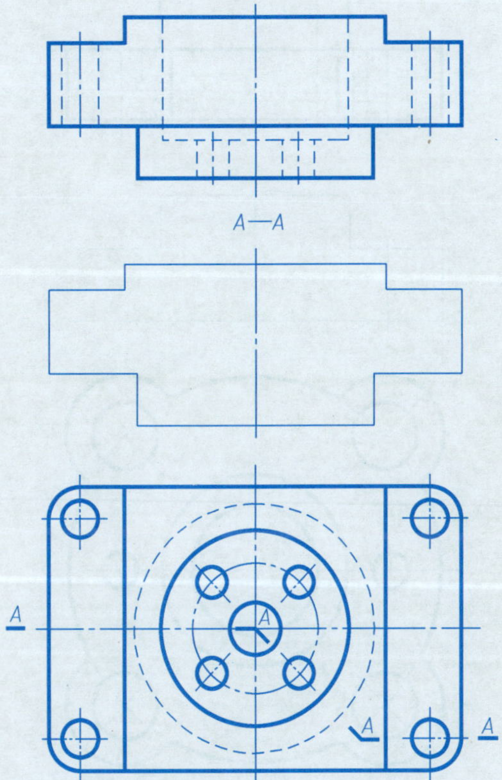

14-3 用相交的剖切平面将主视图改画成剖视图	班级 姓名 学号

5.

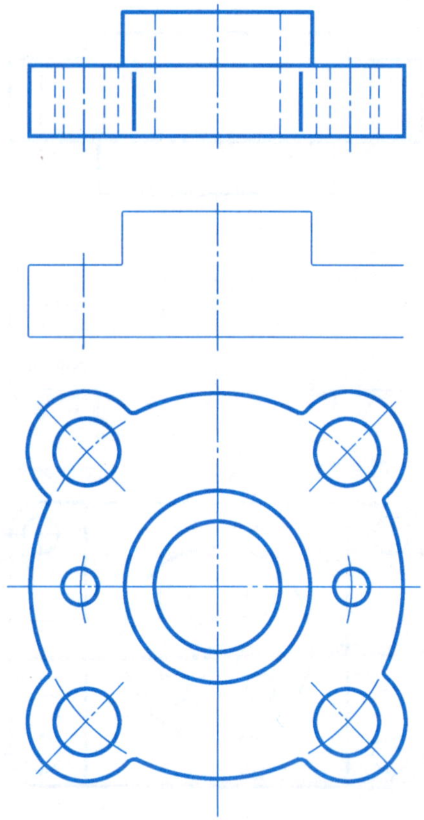

6.

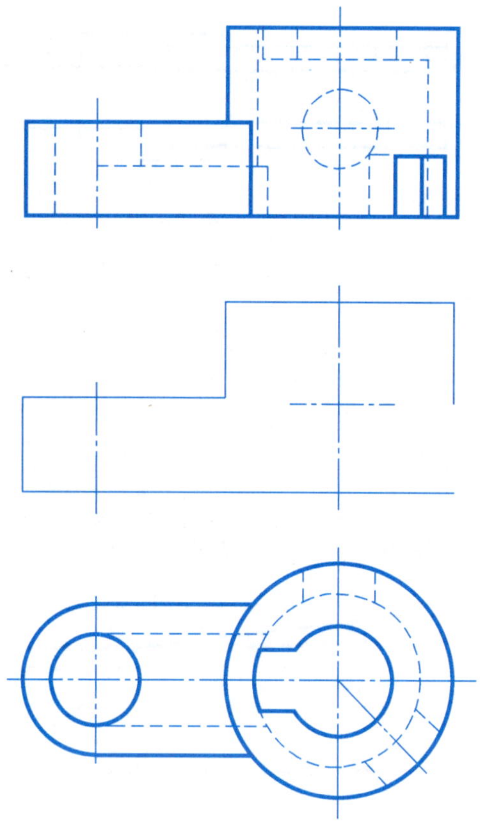

14-4　画出 *A*—*A*、*B*—*B* 的全剖视图 | 班级　　姓名　　学号

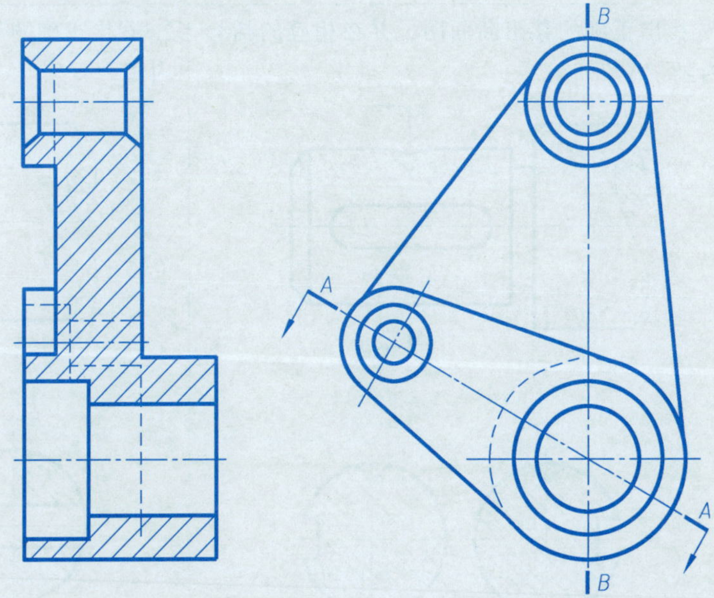

任务 15　绘制轴的断面图

15-1　移出断面图的画法

班级　　　　姓名　　　　学号

1. 找出正确的移出断面图，并在相应的括号内画“√”。

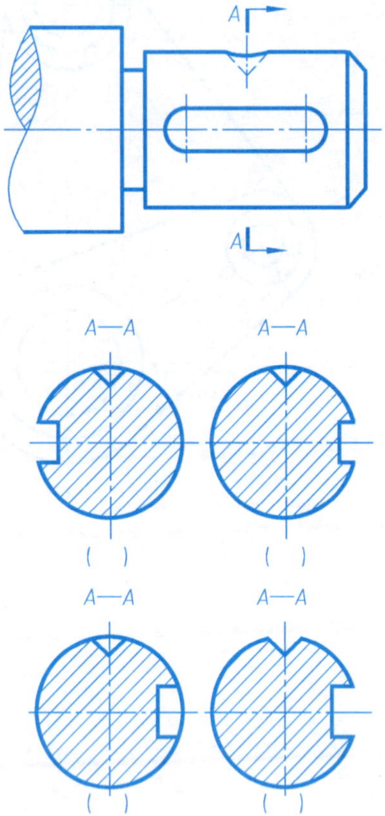

2. 找出正确的移出断面图，并在相应的括号内画“√”。

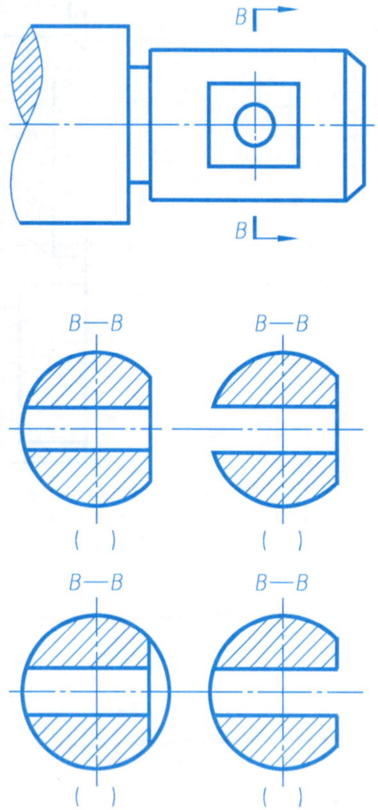

3. 找出正确的移出断面图，并在相应的括号内画“√”。

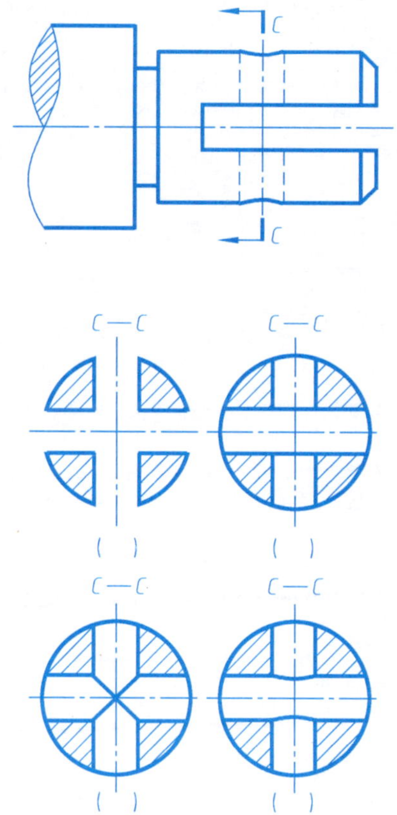

15-2 绘制断面图

班级　　　　姓名　　　　学号

1. 在下面的俯视图中的指定位置（剖切线的延长线上），画出两个相交剖切平面的移出断面图。

2. 将下面的 L 形角铁改画成重合断面图。

3. 分析下面的剖面符号的画法是否正确，并将移出断面图改画成重合断面图。

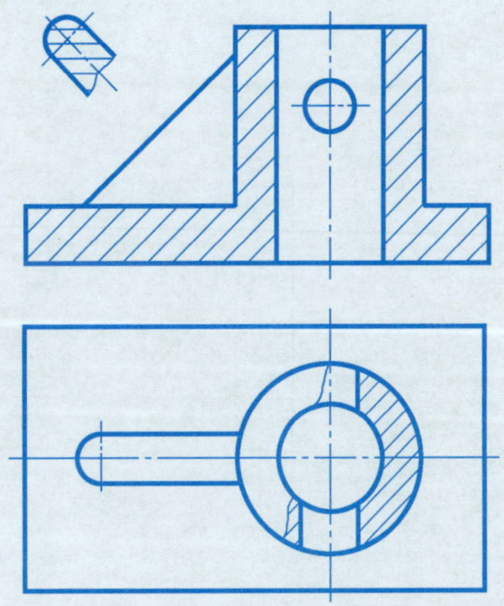

15-3　在指定位置画出移出断面图 | 班级 | 姓名 | 学号

1. 在指定位置画出移出断面图，尺寸数值按 1∶1 的比例从图中量取后取整数。

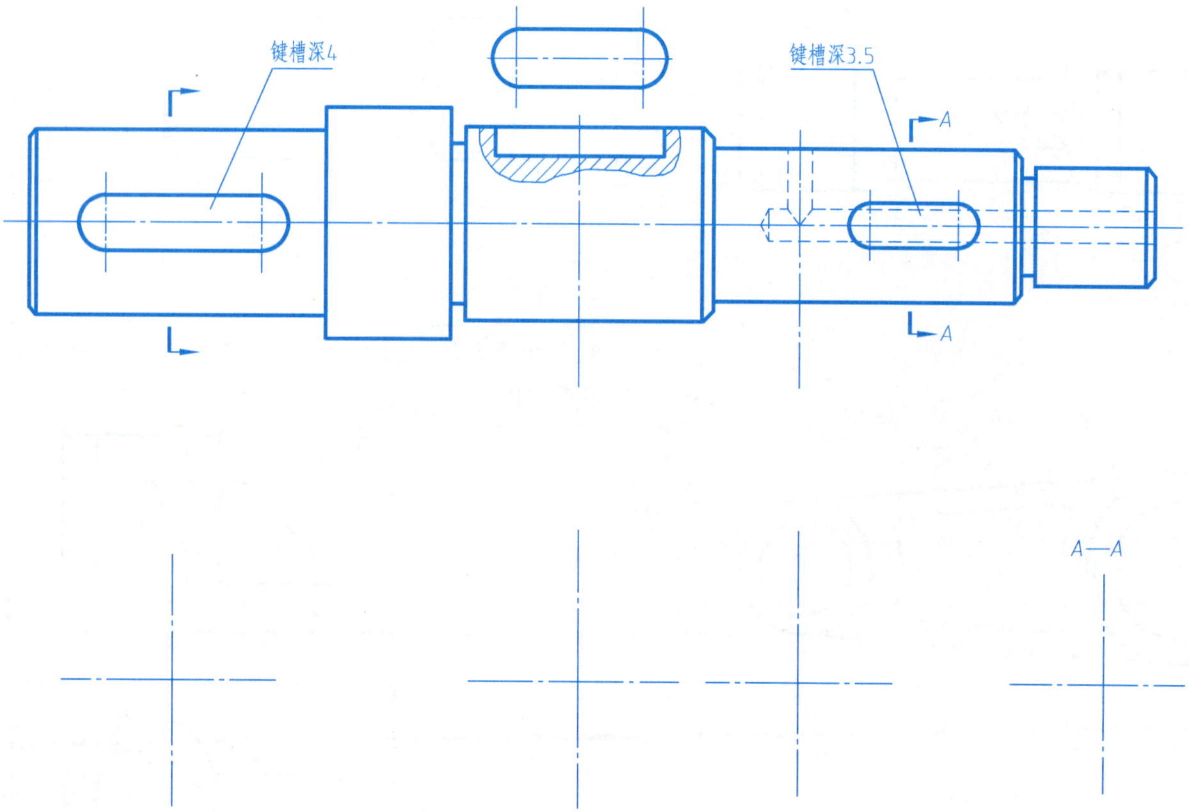

15-3 在指定位置画出移出断面图

班级　　　　姓名　　　　学号

2. 在指定位置画出移出断面图，尺寸数值按 1 : 1 的比例从图中量取后取整数。

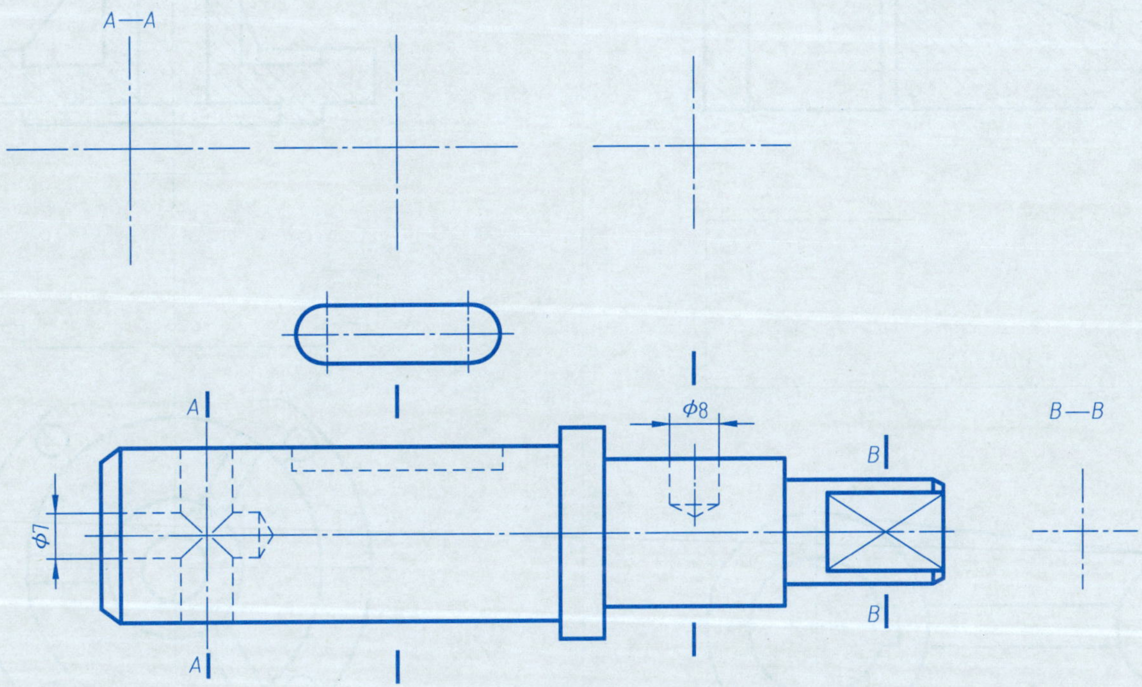

15-4 在指定位置将主视图改画成剖视图

班级　　　　姓名　　　　学号

1. 在指定位置将下面的主视图改画成剖视图。

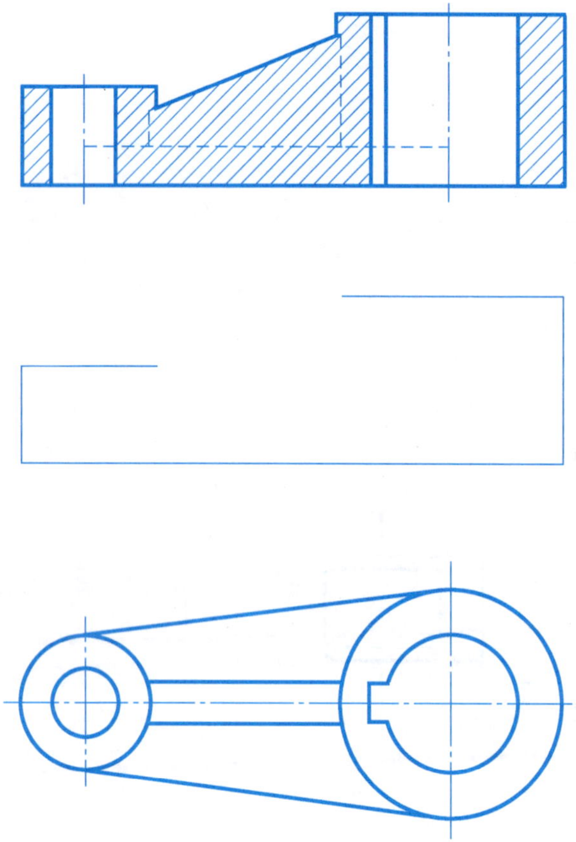

2. 在指定位置将下面的主视图改画成剖视图。

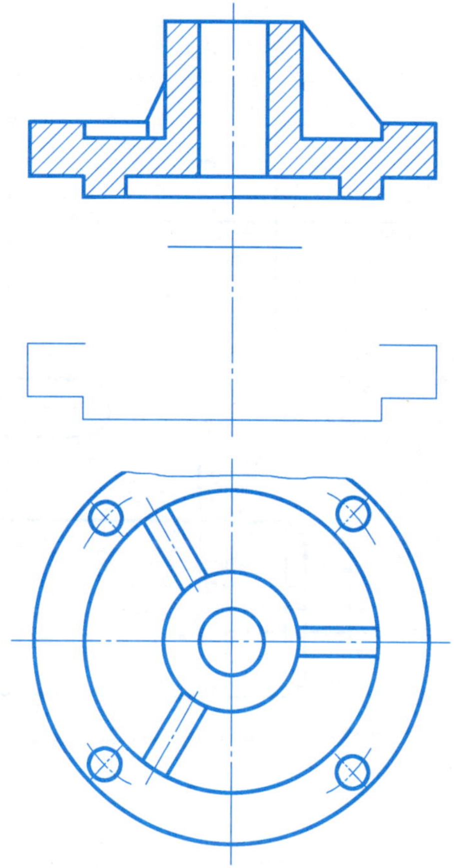

任务 16　识读阀体的表达方案

16-1　优化零件表达方案	班级	姓名	学号

1. 根据下面零件的三视图，选择适当的表达方法，在右侧重新将零件表达清楚。

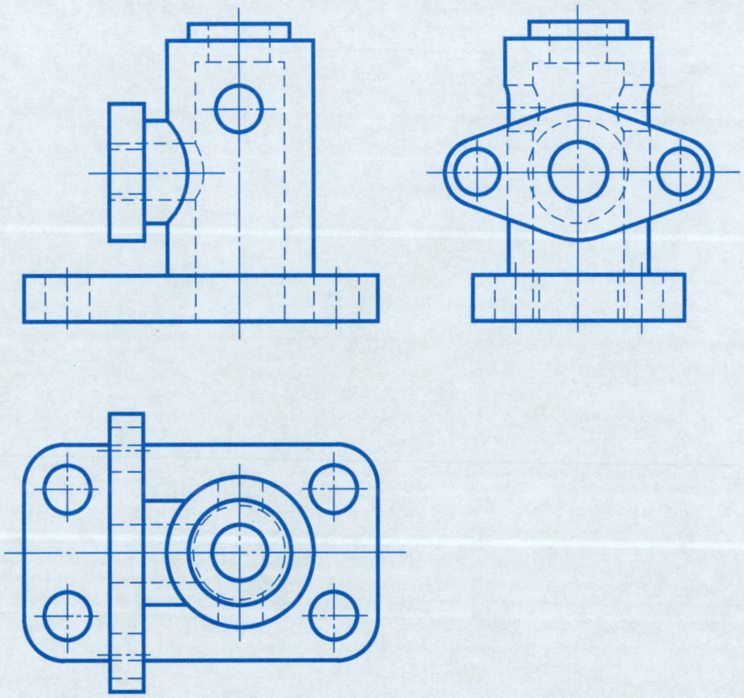

16-1 优化零件表达方案	班级	姓名	学号

2. 根据下面零件的轴测图，选择适当的表达方法，在右侧重新将零件表达清楚，并标注尺寸。

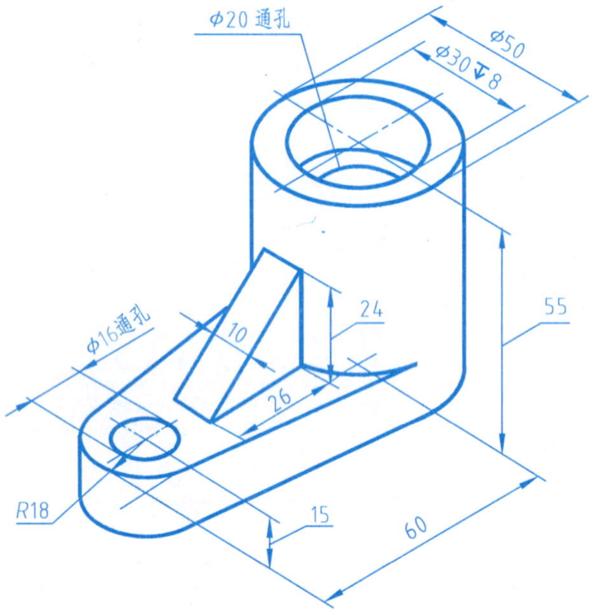

16-1 优化零件表达方案	班级	姓名	学号

3. 根据下面零件的轴测图，选择适当的表达方法，在右侧重新将零件表达清楚，并标注尺寸。

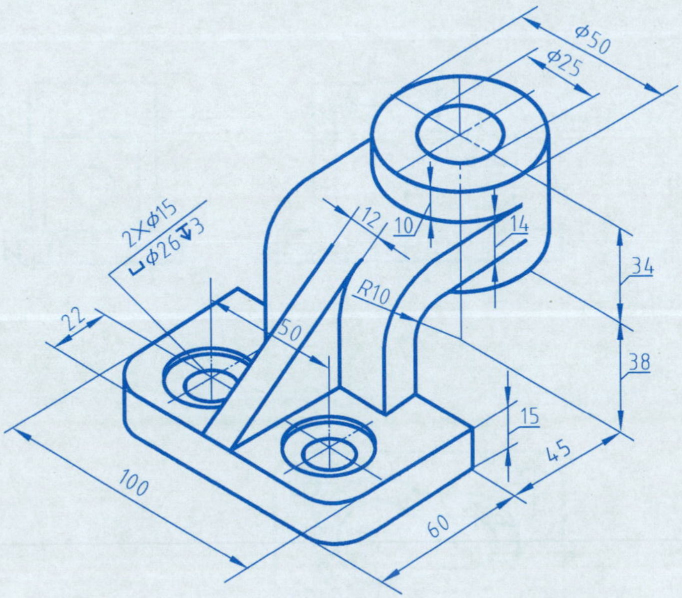

16-2 标注剖切位置、剖视图名称和尺寸

班级　　　　姓名　　　　学号

1. 读懂下面零件的各视图，标注剖切位置及剖视图名称。

2. 在下面的剖视图中标注尺寸（尺寸数值按 1：1 的比例从图中量取后取整数）。

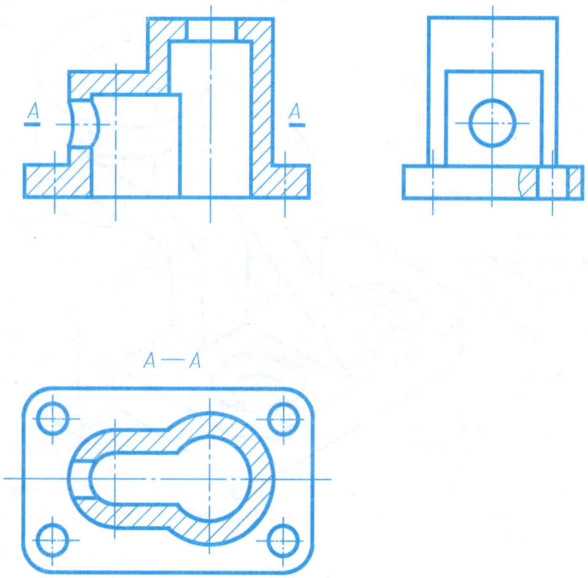

16-3　综合练习	班级　　　姓名　　　学号

（1）目的

1）掌握剖视图、断面图的画法，提高空间想象力。

2）进一步提高形体分析能力及零件结构的表达能力。

3）训练选择零件的表达方法的能力。

（2）内容与要求

1）根据零件的轴测图画出其剖视图。

2）选择 A3 图纸，自行确定画图比例。

（3）注意事项

1）应用形体分析法，看清零件形状结构。将形体分析和图样画法结合起来考虑，初选几种方案进行比较，从中确定最佳方案。

2）剖面线一般不应画底稿线，在加深图线时一次画成。各视图中的剖面线（细实线）方向和间隔应保持一致。

3）注意区分哪些剖切位置和剖视图名称应标注，哪些不必标注。注意局部剖视图中波浪线的画法。

4）应用形体分析法标注尺寸。

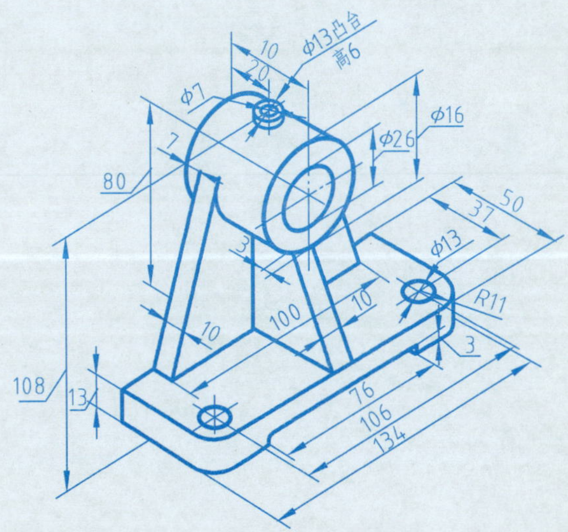

16-4 综合练习

班级　　姓名　　学号

(1) 目的

1) 掌握剖视图、断面图的画法，提高空间想象力。

2) 进一步提高形体分析能力及机件结构的表达能力。

3) 训练选择零件的表达方法的能力。

(2) 内容与要求

1) 根据零件的轴测图画剖视图。

2) 选择 A3 图纸，自行确定画图比例。

(3) 注意事项

1) 应用形体分析法，看清零件结构。将形体分析和图样画法结合起来考虑，初选几种方案进行比较，从中确定最佳方案。

2) 剖面线一般不应画底稿线，在加深图线时一次画成。各视图中的剖面线（细实线）方向和间隔应保持一致。

3) 注意区分哪些剖切位置和剖视图名称应标注，哪些不必标注。注意局部剖视图中波浪线的画法。

4) 应用形体分析法标注尺寸。

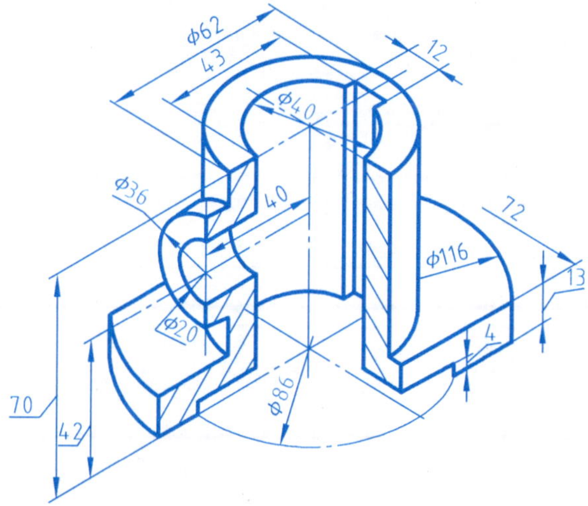

16-5　第三角画法

班级　　　　姓名　　　　学号

1. 根据轴测图，用第三角画法画出物体的 6 个基本视图。

2. 根据主、俯、右视图，补画第三角画法中所缺的左、仰、后视图。

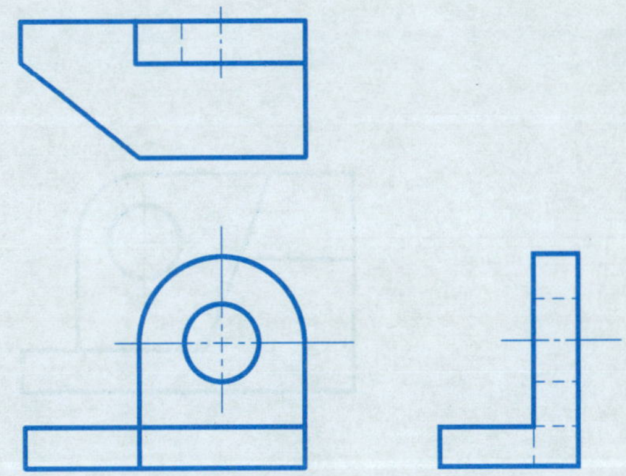

16-5　第三角画法

班级　　　　姓名　　　　学号

3. 根据主视图和右视图，补画第三角画法中所缺的俯视图。

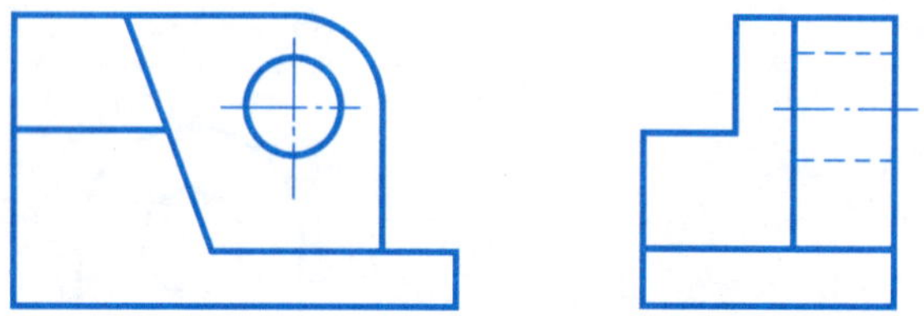

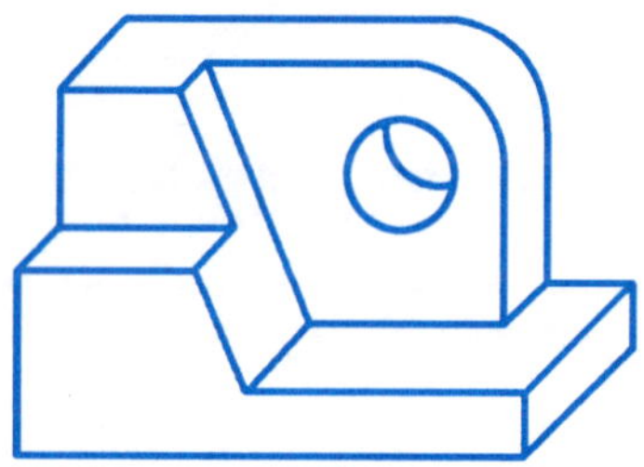

4. 根据轴测图，用第三角画法画出物体的主、俯、右视图（尺寸数值按 1∶1 的比例从图中量取后取整数，两圆孔为通孔）。

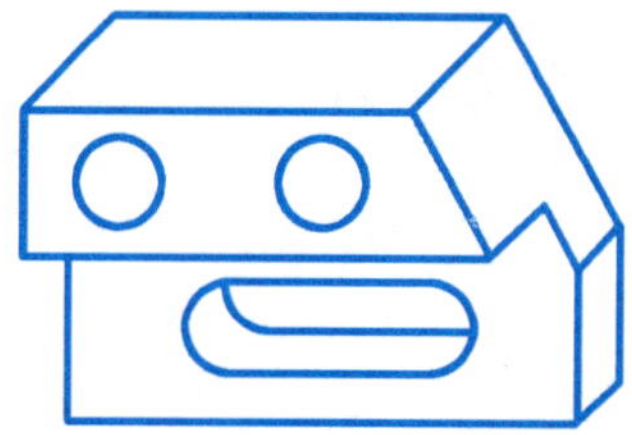

任务 17　绘制螺纹紧固件联接图

17-1　螺纹画法	班级　　　姓名　　　学号

1. 找出下面外螺纹画法中的错误，在指定位置画出正确的图形。

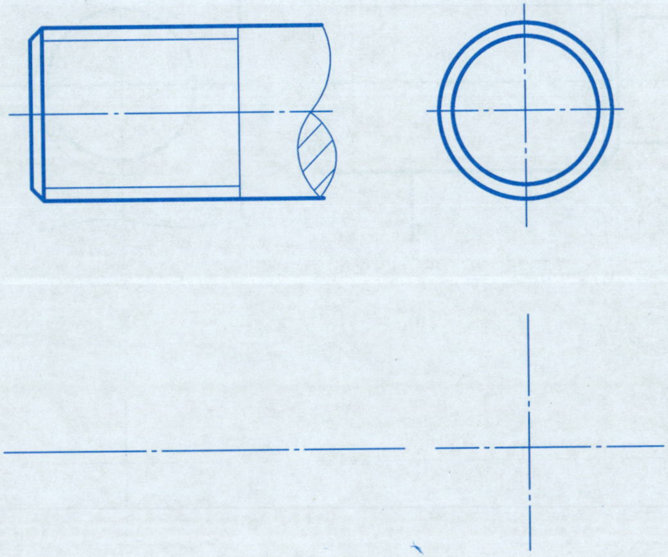

2. 找出下面内螺纹画法中的错误，在指定位置画出正确的图形。

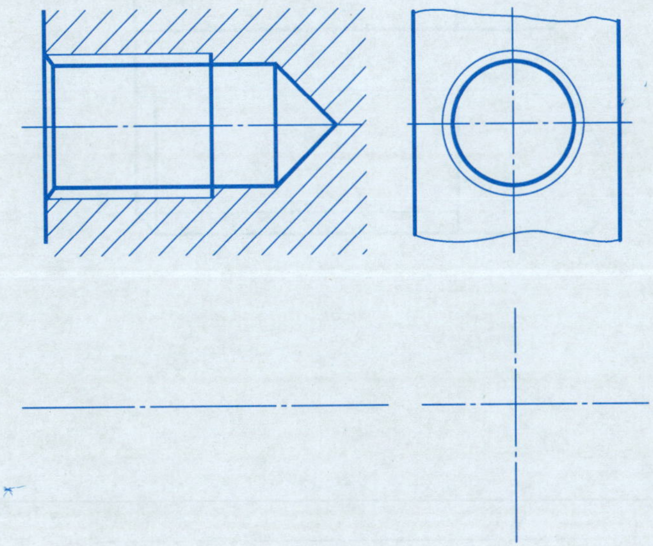

17-1 螺纹画法 | 班级 | 姓名 | 学号

3. 找出55°非密封管螺纹画法中的错误，在指定位置画出正确的图形。

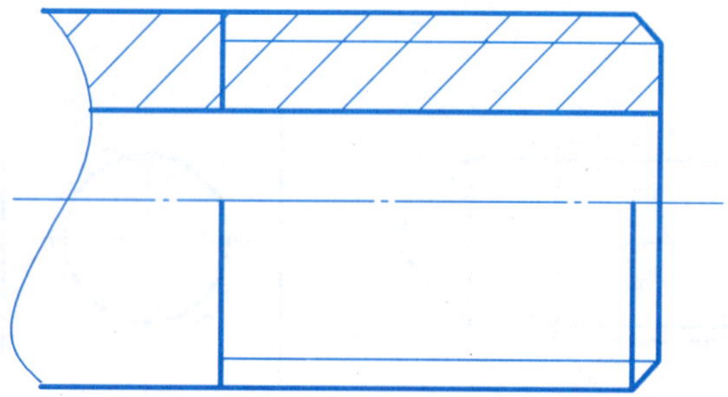

4. 找出下面螺纹联接画法中的错误，在指定位置画出正确的图形。

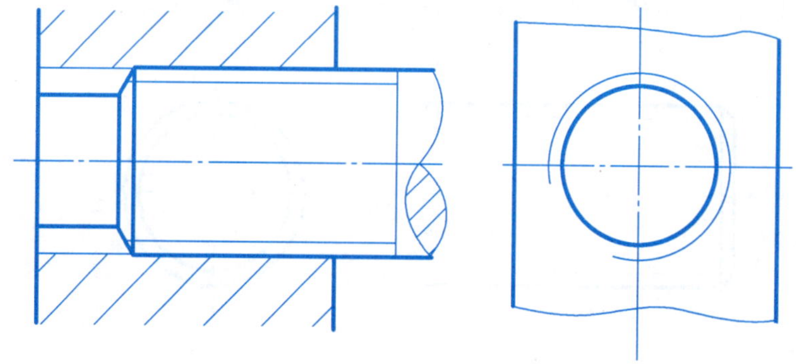

17-1 螺纹画法

班级	姓名	学号

5. 按给定的尺寸，在指定位置画出外螺纹 M20，螺纹长度为 30mm。

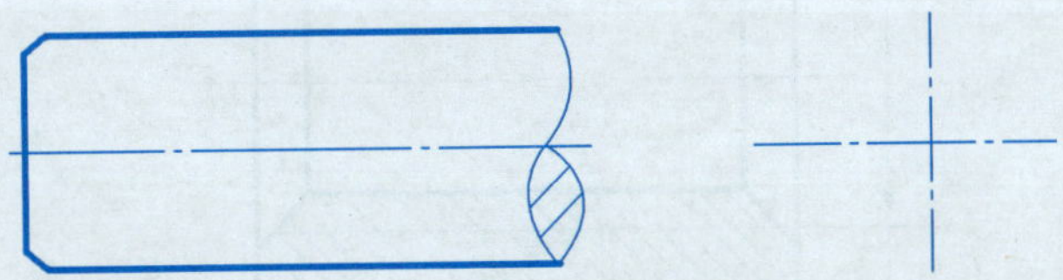

6. 按给定的尺寸画出内螺纹 M16，不通孔，钻孔深度为 35mm，螺纹深度为 30mm，孔口倒角为 $C1$。

17-2 螺纹标记的含义

班级　　　　姓名　　　　学号

1. 说明下面螺纹标记的含义。

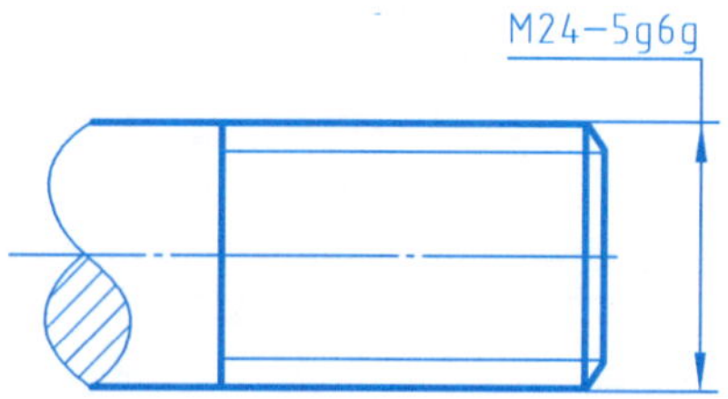

M ______________ 24 ______________

5g ______________ 6g ______________

2. 说明下面螺纹标记的含义。

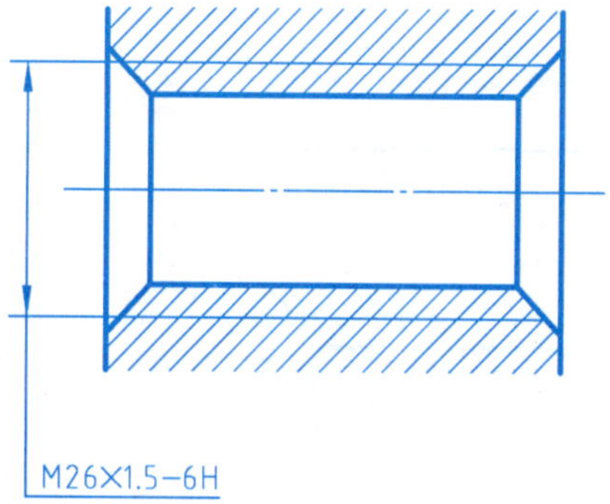

M ______________ 26 ______________

1.5 ______________ 6H ______________

3. 说明下面螺纹标记的含义。

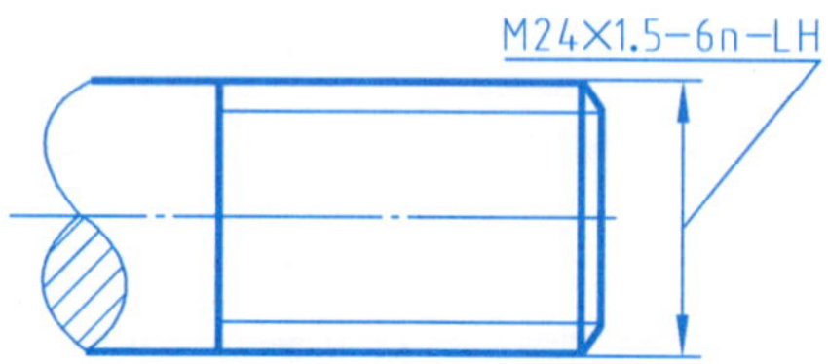

M ______________ 24 ______________

1.5 ______________ 6n ______________

LH ______________

4. 说明下面螺纹标记的含义。

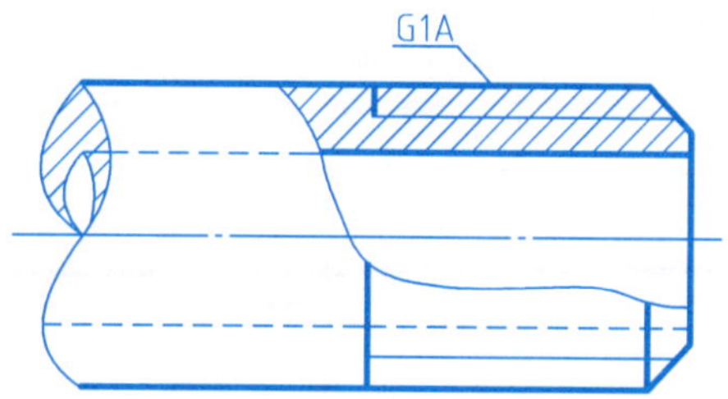

G ______________ 1 ______________

A ______________

17-3 标注螺纹尺寸

班级　　　　姓名　　　　学号

1. 粗牙普通螺纹，大径为20mm，螺距为2mm、单线，中径公差带代号为5g，顶径公差带代号为6g，中等旋合长度，左旋。

2. 细牙普通螺纹，大径为16mm，螺距为1mm，单线，中径及顶径公差带代号均为6H，螺孔深度为30mm，钻孔深度为35mm，右旋。

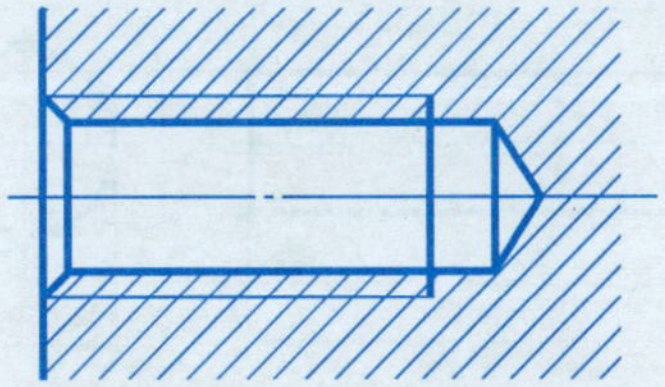

3. 梯形螺纹，大径为20mm，导程为8mm，线数为2，中径公差带代号为7e，长旋合长度，右旋。

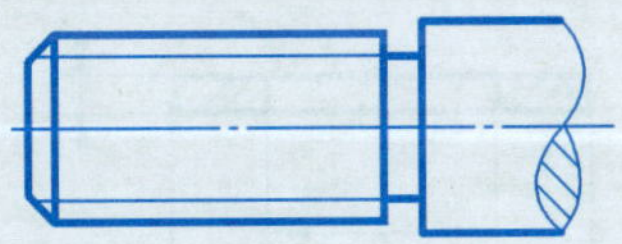

4. 非密封管螺纹，尺寸代号为3/4，公差等级为A级，右旋。

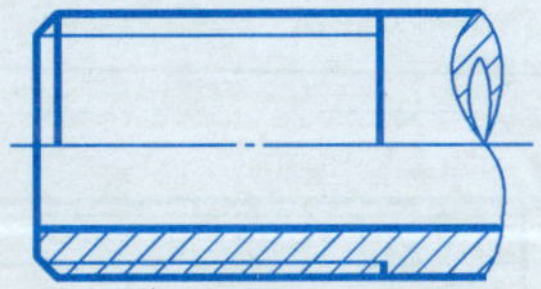

17-4 查表标注下列螺纹紧固件的部分尺寸，并写出其规定标记　　班级　　姓名　　学号

1. 六角头螺栓（GB/T 5780—2016），螺纹规格 d=M12，公称长度 l=50mm。

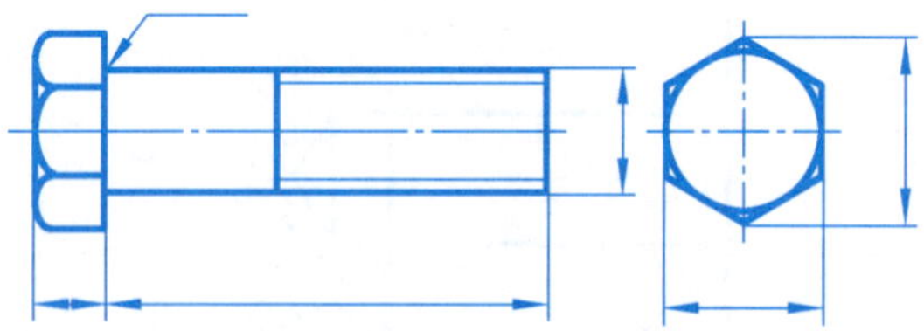

规定标记________________

2. Ⅰ型六角螺母（GB/T 6170—2015），螺纹规格 D=M12。

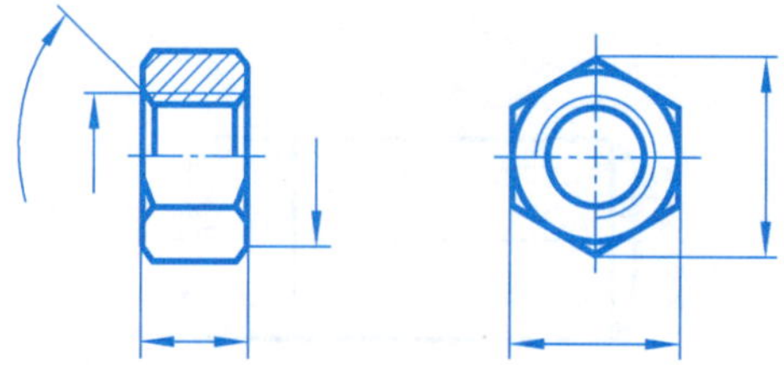

规定标记________________

3. 开槽圆柱头螺钉（GB/T 65—2016），螺纹规格 d=M10，公称长度 l=50mm。

规定标记________________

4. 平垫圈（GB/T 97.1—2002），公称规格（螺纹大径 d）为 20mm。

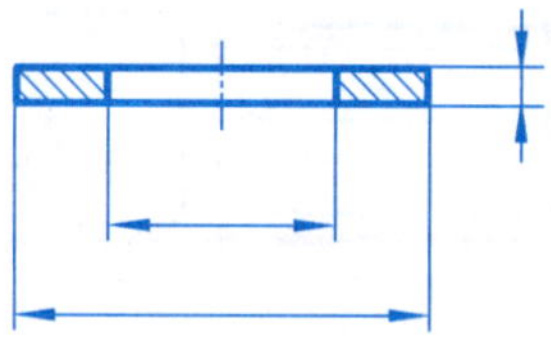

规定标记________________

17-5 螺栓联接和螺钉联接

班级　　　　姓名　　　　学号

1. 找出下面螺栓联接画法中的错误，在指定位置画出正确的图形。

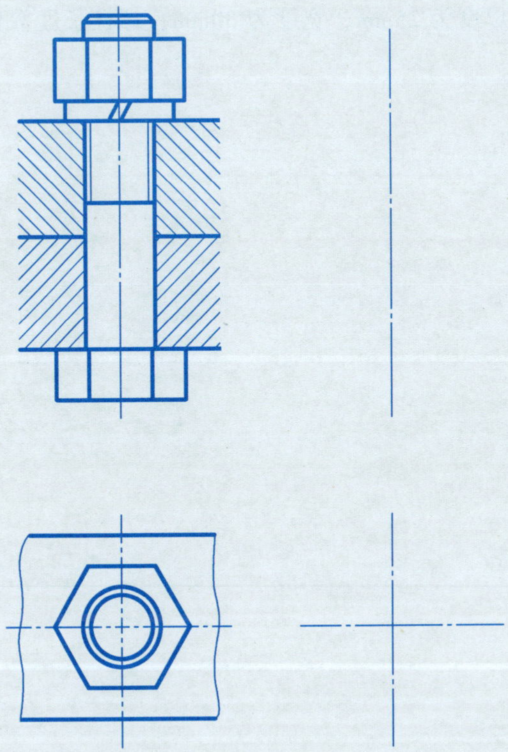

2. 找出下面螺钉联接画法中的错误，在指定位置画出正确的图形。

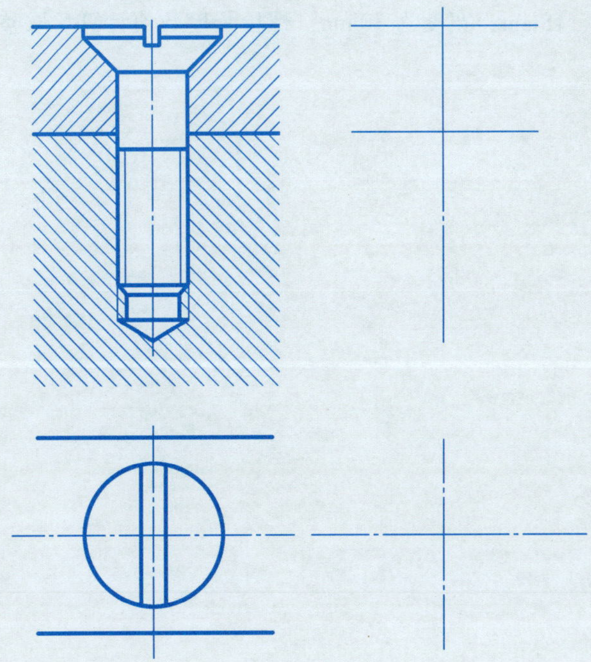

17-6 螺纹联接装配图

班级　　　　姓名　　　　学号

1. 根据所给条件，画出螺纹联接装配图。螺栓 GB/T 5782　M10，螺母 GB/T 6170　M10，垫圈 GB/T 97.1　10，被联接件厚度分别为 12mm、18mm，宽度为 30mm，螺栓长度数值计算后取整数。

2. 根据所给条件，画出螺纹联接装配图。双头螺柱 GB/T 898　M10，螺母 GB/T 6170　M10，垫圈 GB/T 93　10，被联接件厚度为 15mm，机件厚度为 25mm，宽度为 30mm，螺柱长度数值计算后取整数。

任务 18　绘制直齿圆柱齿轮的啮合图

18-1　画出单个直齿圆柱齿轮	班级	姓名	学号

已知直齿圆柱齿轮模数 $m=4$mm、齿数 $z=18$，齿宽 $b=30$mm，轴孔直径为 20mm，试根据 GB/T 1095—2003 查出键槽的尺寸，并在指定位置按 1∶1 的比例画出齿轮的两视图。

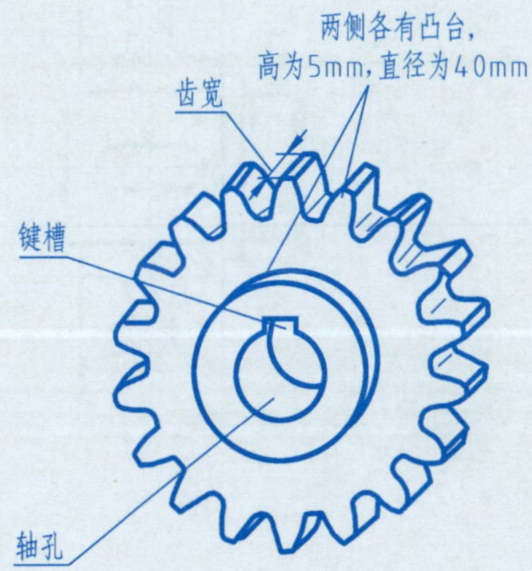

18-2　画出直齿圆柱齿轮啮合图	班级　　　　姓名　　　　学号

已知大齿轮的模数 $m=4\text{mm}$，齿数 $z_1=38$，两齿轮中心距 $a=110\text{mm}$，试计算大、小两齿轮的分度圆直径、齿顶圆直径和齿根圆直径，按 1∶2 的比例画出直齿圆柱齿轮的啮合图。

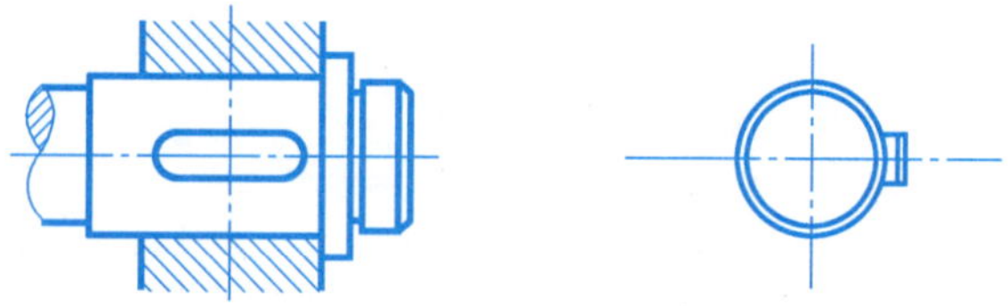

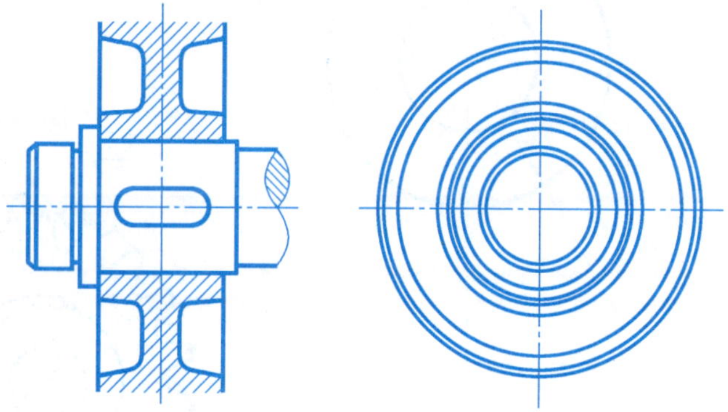

任务 19　绘制键联结图

键槽及键联结画法	班级	姓名	学号

已知齿轮和轴用 A 型圆头普通平键联结，孔直径为 40mm，键的长度为 40mm。

1）写出键的规定标记。

键的规定标记______________________________

2）查表确定键和键槽的尺寸，按 1 : 2 的比例补全下面各视图和断面图，并标注键槽的尺寸。

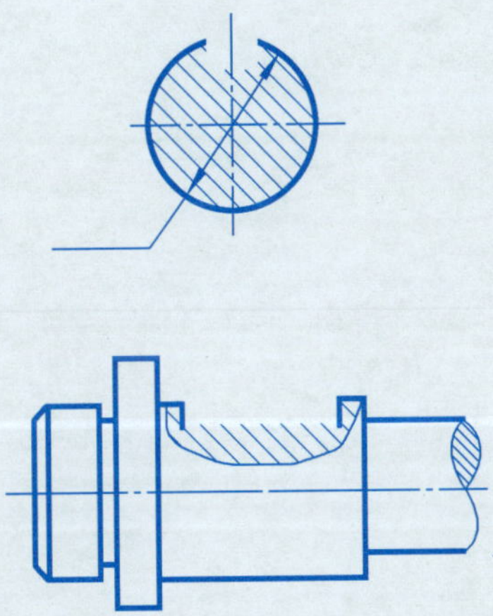

轴

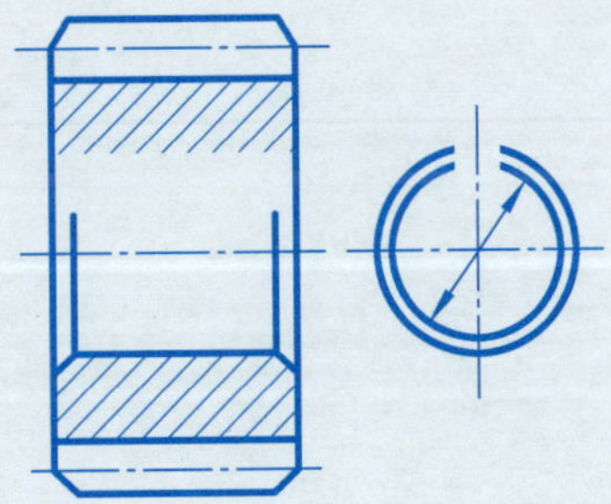

齿轮

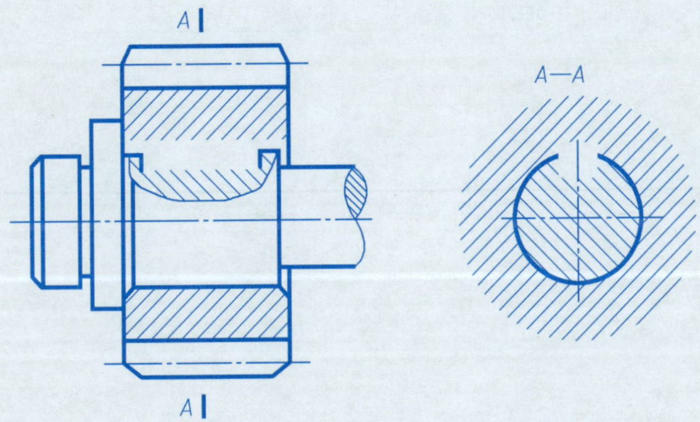

齿轮和轴

任务 20　绘制滚动轴承图

20-1　注写滚动轴承代号含义

班级　　　　姓名　　　　学号

用文字说明下面滚动轴承的基本代号的含义。

1）6305。

内　　径：________

尺寸系列：________

轴承类型：________

2）51309。

内　　径：________

尺寸系列：________

轴承类型：________

3）30206。

内　　径：________

尺寸系列：________

轴承类型：________

20-2　滚动轴承的规定画法	班级　　　　姓名　　　　学号

用规定画法在轴端（右端面紧靠轴肩 *A*）画出滚动轴承的图形。滚动轴承的基本代号为 6305 GB/T 276—2013。

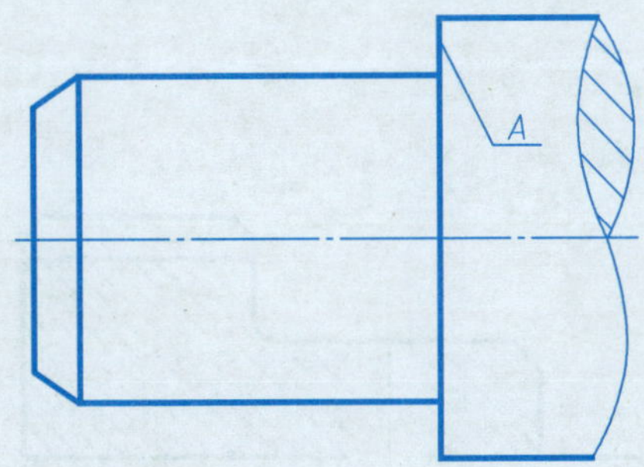

任务21　绘制销联接图

销联接	班级　　　　姓名　　　　学号

已知图中的齿轮和轴采用圆柱销联接，其中销的公称直径 $d=6\text{mm}$，公差为 m6，公称长度 $l=26\text{mm}$，材料为淬火钢，补全下面圆柱销联接的剖视图，并写出圆柱销的规定标记。

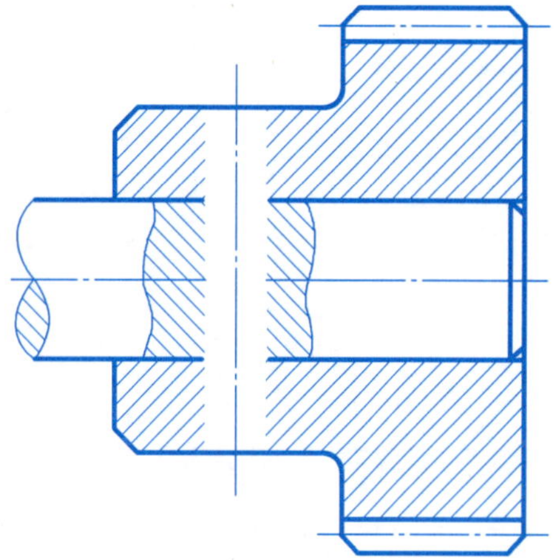

圆柱销的规定标记＿＿＿＿＿＿＿＿＿＿＿＿＿＿＿＿＿＿

任务 22　绘制从动轴的零件图

22-1　零件的表达方法	班级　　姓名　　学号

1. 选择合理的视图，正确表达下面的零件。

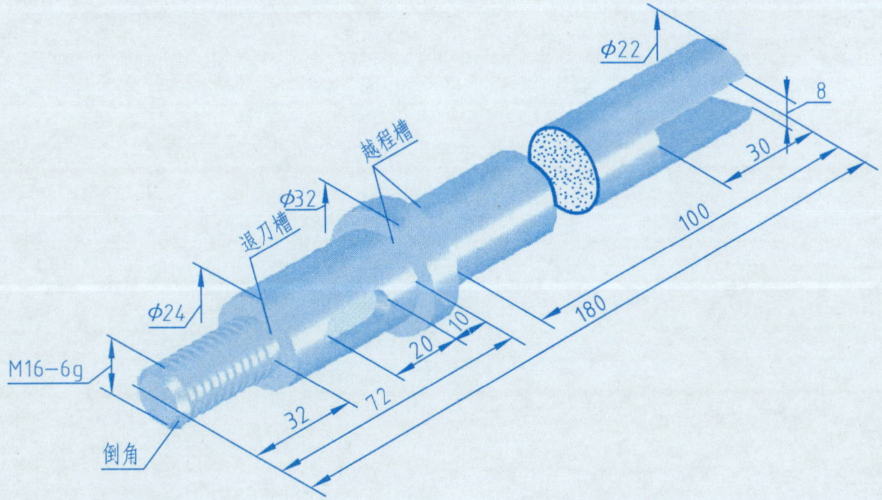

22-1　零件的表达方法	班级　　　　姓名　　　　学号

2. 选择合理的视图，正确表达下面的零件。

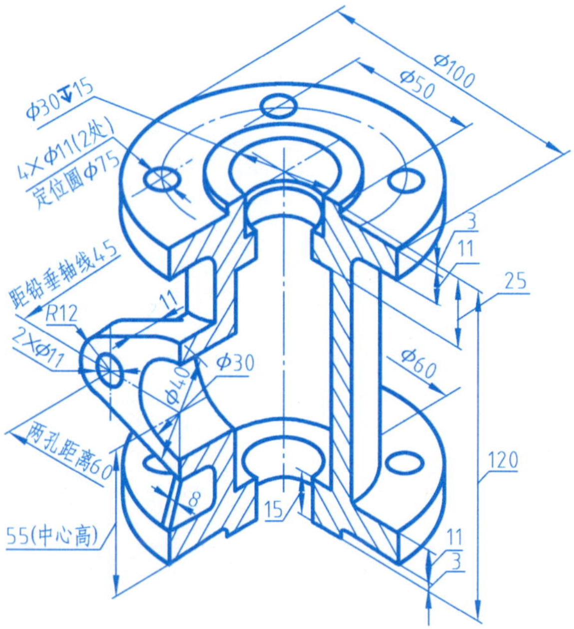

22-2 补全零件图上指定结构的尺寸

班级　　　　姓名　　　　学号

1. 补全下面零件图上 *A*、*B*、*C*、*D* 四处结构的尺寸，尺寸数值按 1∶1 的比例从图中量取后取整数。

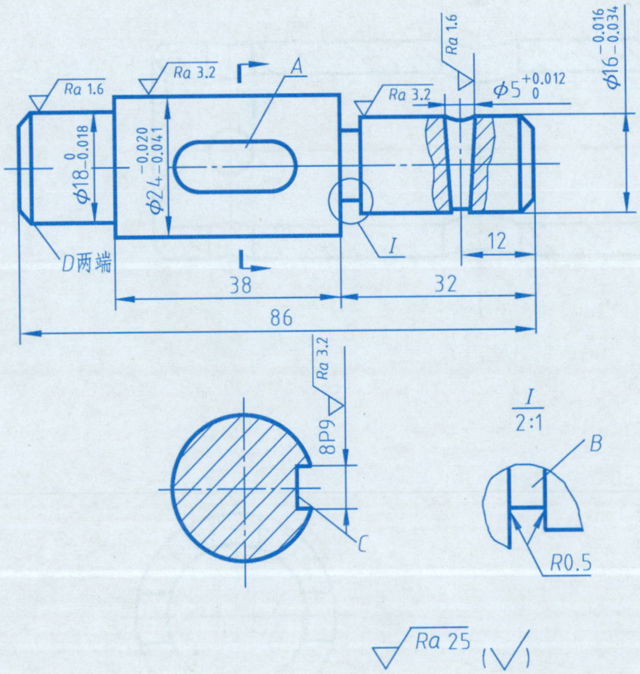

轴	比例	数量	材料
			45
制图			
审核			

2. 补全下面零件图上 *E*、*F* 两处结构的尺寸，尺寸数值按 1∶1 的比例从图中量取后取整数。

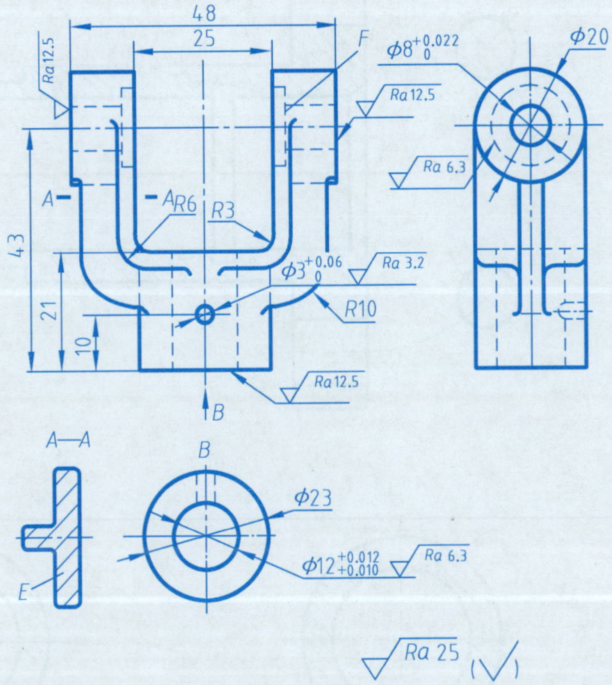

支架	比例	数量	材料
			HT150
制图			
审核			

22-3 标注零件尺寸

班级　　　　姓名　　　　学号

选择尺寸基准，标注零件尺寸，尺寸数值按 1：1 的比例从图中量取后取整数。

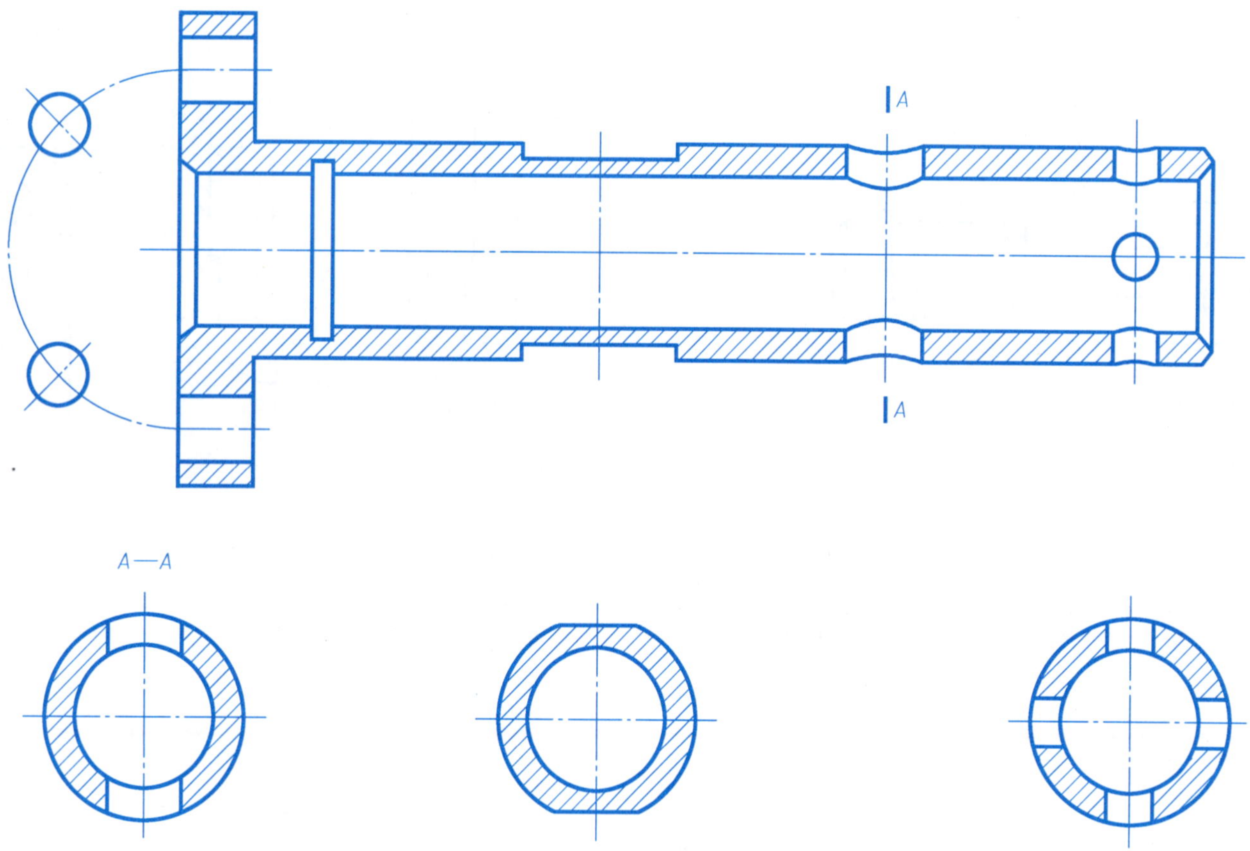

22-4 标注表面粗糙度

班级　　姓名　　学号

1. 按给出的 *Ra* 数值，在下图中标注表面粗糙度。

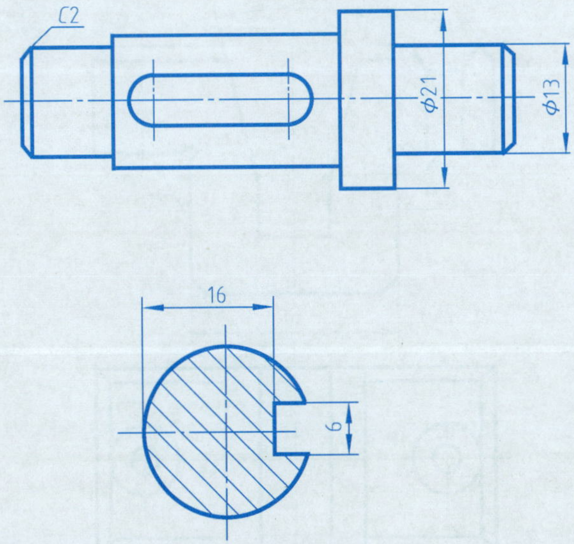

ϕ13mm 轴段圆柱面：*Ra*3.2μm。

ϕ21mm 轴肩右侧面：*Ra*1.6μm。

左侧倒角锥面：*Ra*6.3μm。

键槽工作面：*Ra*1.6μm。

零件左侧端面：*Ra*12.5μm。

2. 按给出的 *Ra* 数值，在下图中标注表面粗糙度。

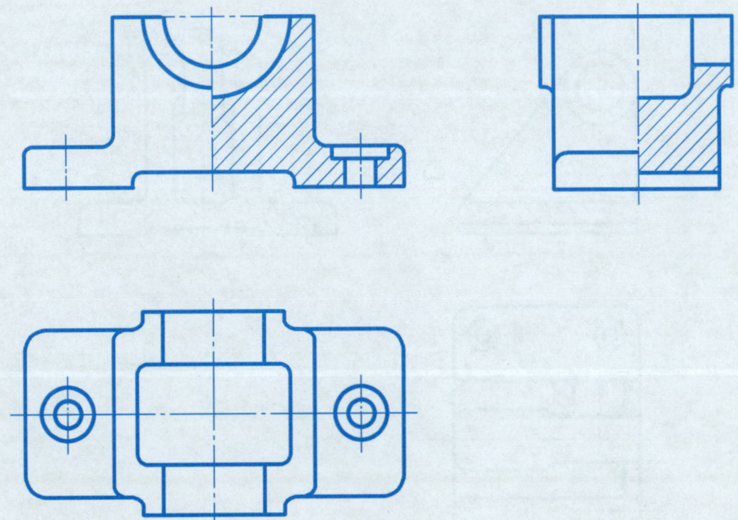

上表面：*Ra*6.3μm。

底面：*Ra*12.5μm。

底板上表面：*Ra*6.3μm。

沉孔两圆柱面：*Ra*6.3μm。

22-4 标注表面粗糙度

班级　　　　姓名　　　　学号

3. 按给出的 *Ra* 数值，在下图中标注表面粗糙度。

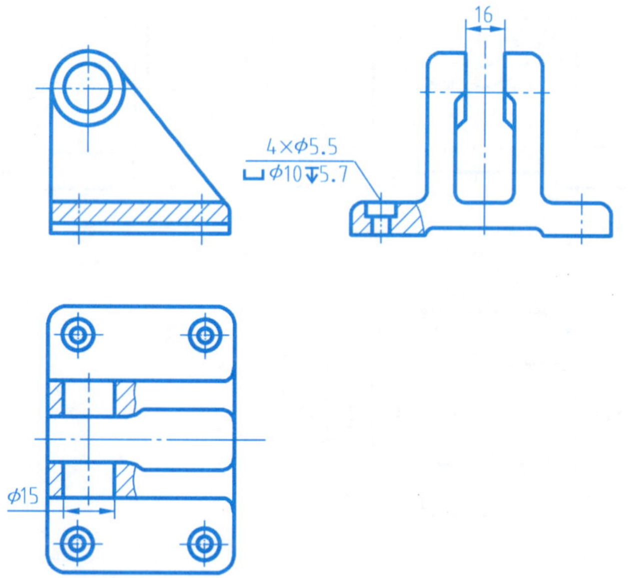

ϕ15mm 通孔柱面：*Ra*6.3μm。

底面：*Ra*6.3μm。

沉孔圆柱面：*Ra*12.5μm。

16mm 通槽两内表面：*Ra*6.3μm。

其余表面保留上道工序加工的表面粗糙度要求。

4. 按给出的 *Ra* 数值，在下图中标注表面粗糙度。

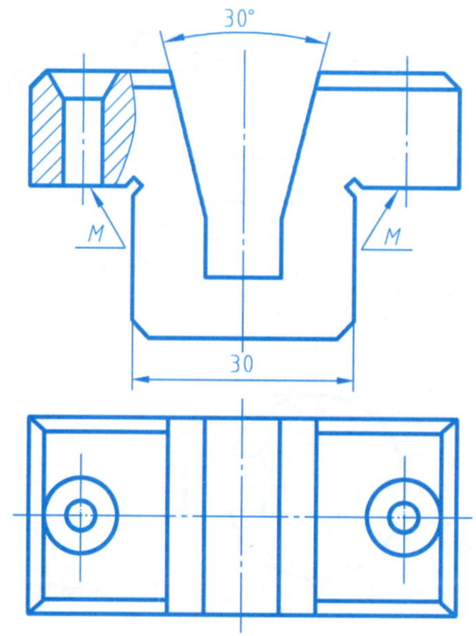

成 30°的两平面：*Ra*6.3μm。

顶面与宽度为 30mm 的两侧面：*Ra*1.6μm。

两 *M* 平面：*Ra*3.2μm。

其余表面粗糙度 *Ra* 值为 25μm。

22-5　极限与配合

班级　　　　　　姓名　　　　　　学号

1. 填空说明装配图中配合尺寸的基准制及配合类别，并在零件图中注出相应偏差数值。

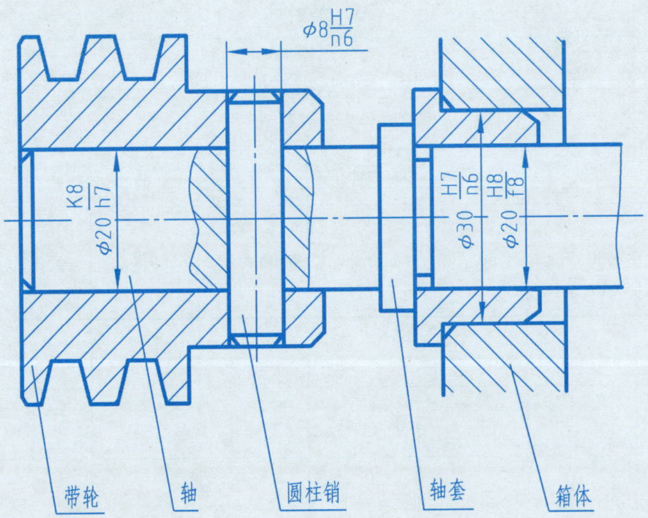

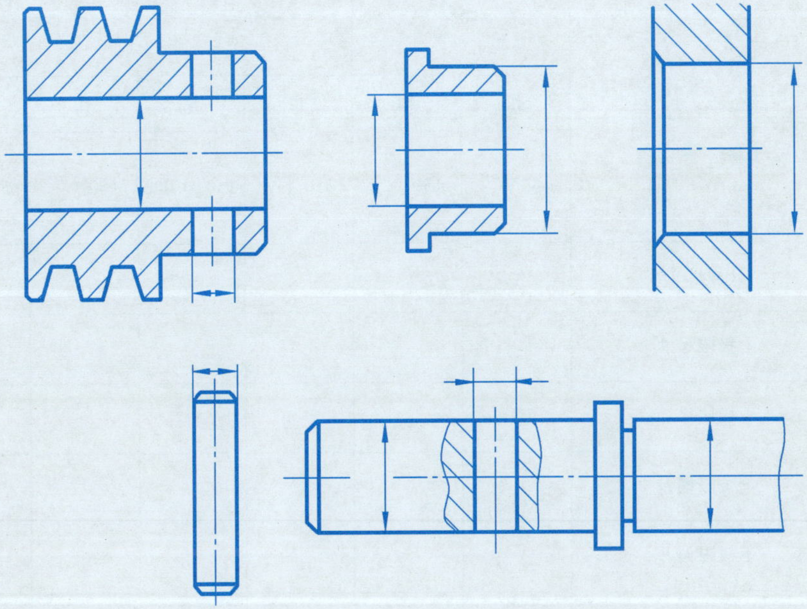

1）$\phi 20\frac{K8}{h7}$是基（　　）制，孔与轴是（　　）配合。

2）$\phi 30\frac{H7}{n6}$是基（　　）制，孔与轴是（　　）配合。

3）$\phi 20\frac{H8}{f8}$是基（　　）制，孔与轴是（　　）配合。

4）$\phi 8\frac{H7}{n6}$是基（　　）制，孔与轴是（　　）配合。

2. 根据所给条件填写表内空格。

已知条件 / 所求数值	基孔制						基轴制					
已知条件	$\phi50\frac{H7}{s6}$		$\phi50\frac{H7}{js6}$		$\phi50\frac{H7}{f6}$		$\phi50\frac{S7}{h6}$		$\phi50\frac{JS7}{h6}$		$\phi50\frac{F7}{h6}$	
	孔	轴	孔	轴	孔	轴	轴	孔	轴	孔	轴	孔
所求数值	$\phi50^{+0.025}_{0}$	$\phi50^{+0.059}_{+0.043}$	$\phi50^{+0.025}_{0}$	$\phi50\pm0.008$	$\phi50^{+0.025}_{0}$	$\phi50^{-0.025}_{-0.041}$	$\phi50^{0}_{-0.016}$	$\phi50^{-0.034}_{-0.059}$	$\phi50^{0}_{-0.016}$	$\phi50\pm0.012$	$\phi50^{0}_{-0.016}$	$\phi50^{+0.050}_{+0.025}$
公称尺寸												
上极限尺寸												
下极限尺寸												
上极限偏差												
下极限偏差												
公差												
极限间隙或过盈												
配合公差												

22-6 几何公差

班级　　姓名　　学号

1. 用文字说明图中图框的含义。

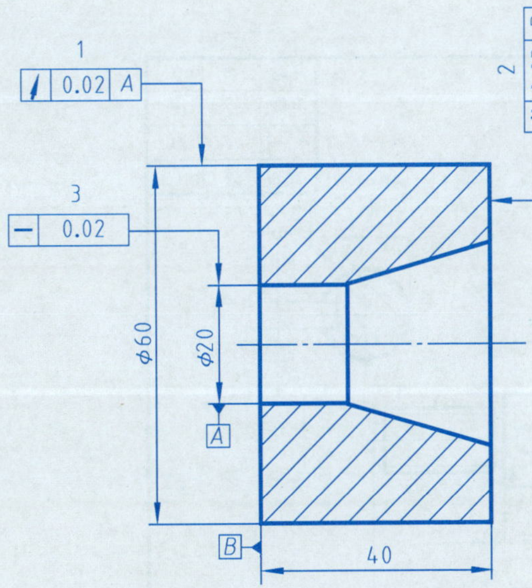

1）______

2）______

3）______

2. 用文字说明图中图框的含义。

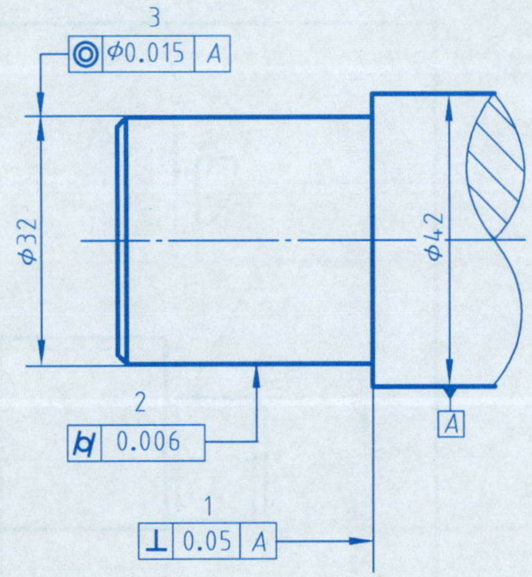

1）______

2）______

3）______

22-7 抄画轴零件图 | 班级 姓名 学号

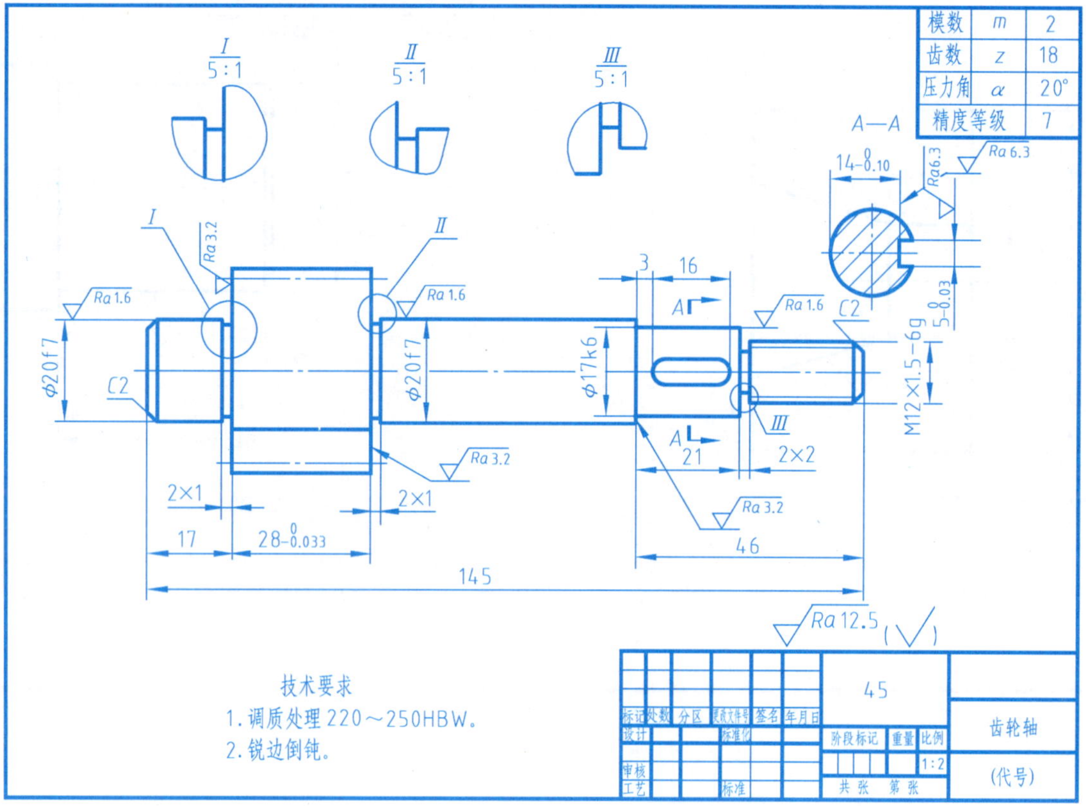

22-8 读螺旋杆零件图，回答问题

班级　　　　姓名　　　　学号

读螺旋杆零件图，回答问题，并绘制 *A*—*A* 断面图。

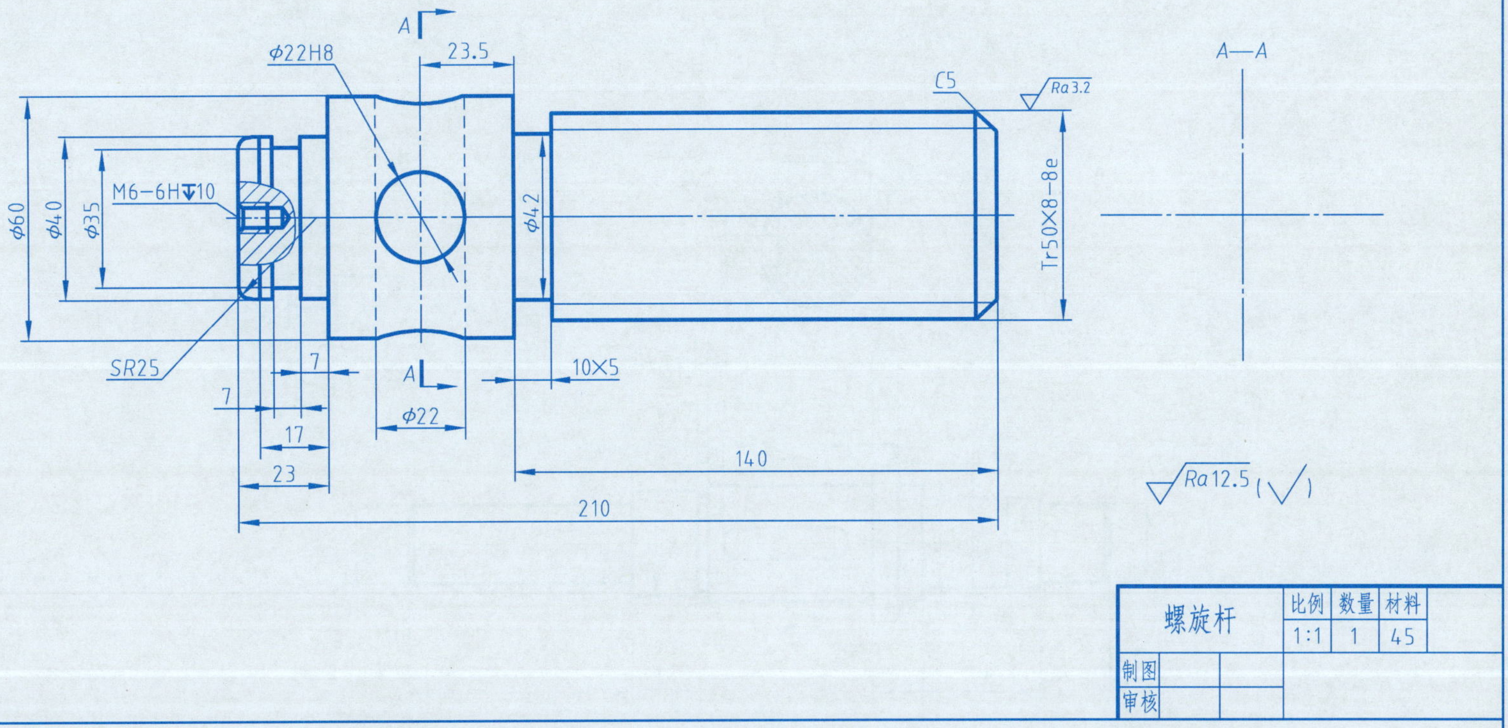

1）该零件上的螺纹有________种，特征代号分别是________和________。

2）退刀槽 10×5 的含义：10mm 表示槽的________，5mm 表示槽的________。

3）M6-6H ↧ 10 的含义：M6 表示________，6H 表示________，10 表示________。

4）140mm 是________尺寸，*SR*25 是________尺寸，*ϕ*22H8 是________尺寸。

5）将 *ϕ*22H8 改写成偏差值标注方法________。

任务 23　齿轮泵主动轴零件图的 CAD 实现

23-1　选择合适的图纸及图框，用 AutoCAD 软件抄画轴的零件图，并标注尺寸	班级	姓名	学号

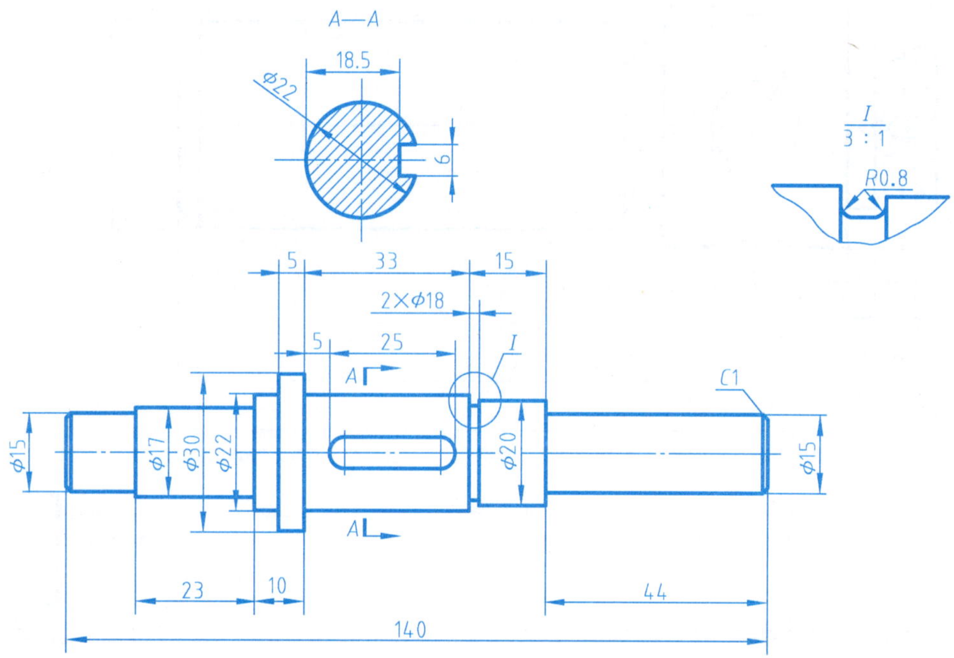

轴		比例	数量	材料	
		1:1	1	45	
制图					
审核					

23-2 选择合适的图纸及图框，用 AutoCAD 软件抄画齿轮轴的零件图，并标注尺寸。

班级	姓名	学号

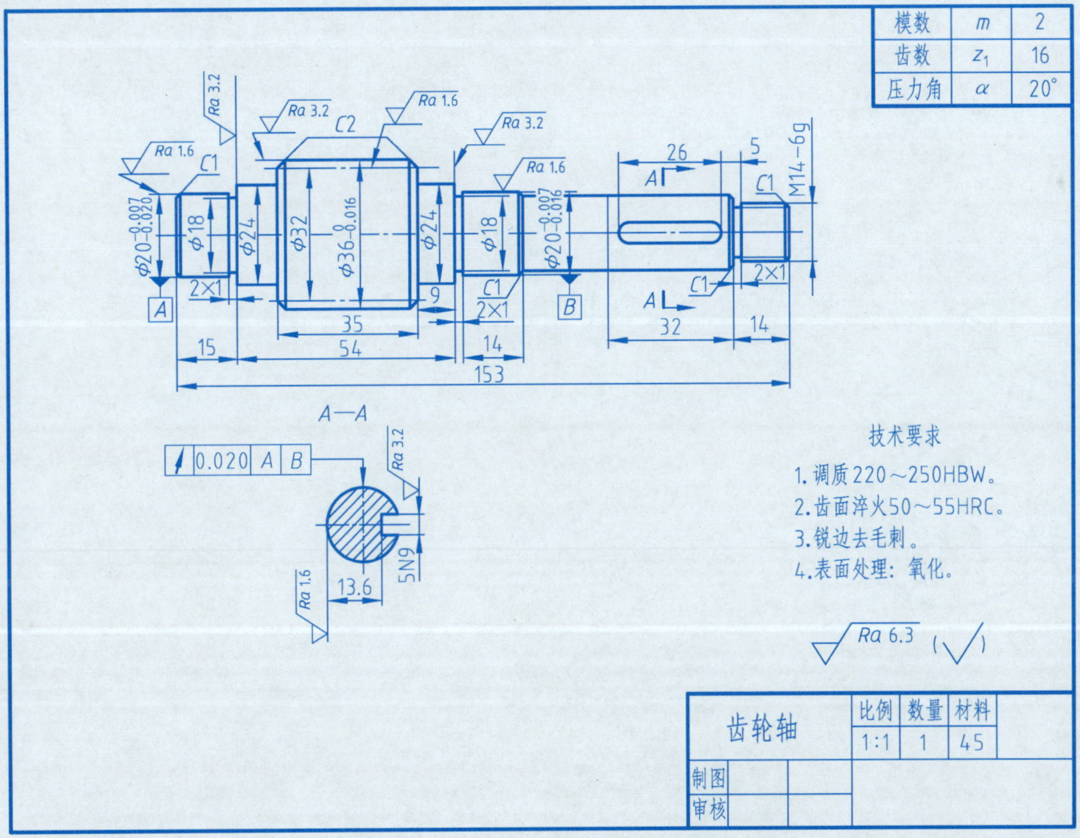

任务 24　绘制轴承端盖零件图

24-1　根据轴测图，画出零件图	班级	姓名	学号

根据端盖的轴测图，画出其零件图。

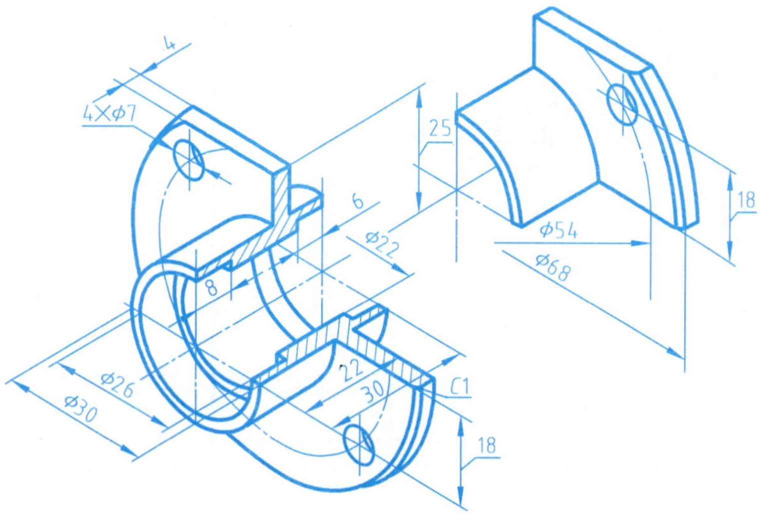

24-2 读卡盘毂体零件图，回答问题

班级　　　　姓名　　　　学号

读卡盘毂体零件图，回答问题，并在指定位置画出主视外形图及 *B*—*B* 断面图。

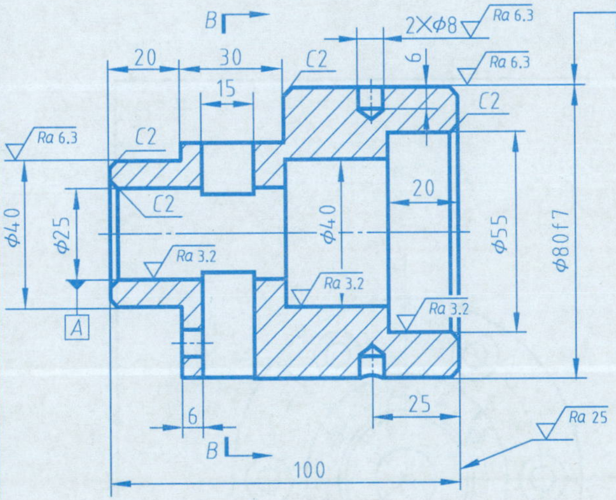

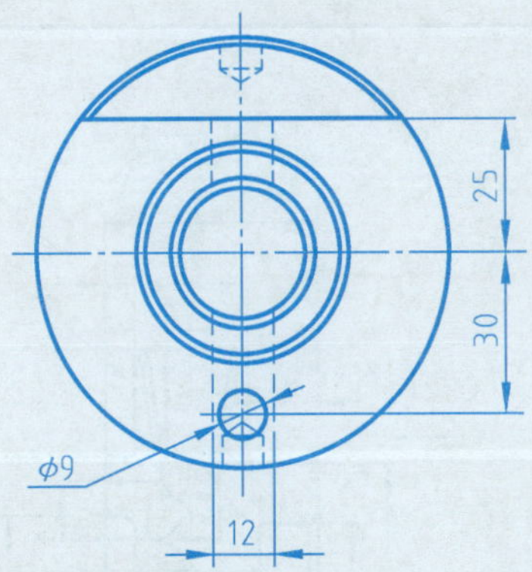

B—*B*

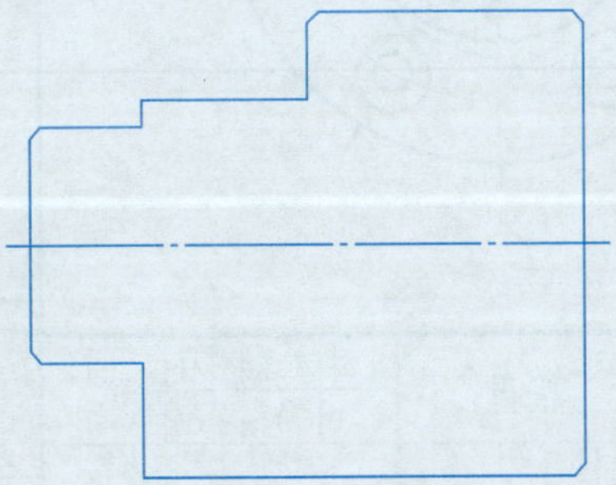

卡盘毂体	比例	数量	材料
	1:1		
制图			
审核			

1）ϕ80f7 注写成偏差形式为__________，*Ra*25μm 的外观是______________形式，用______________加工方法得到。

2）直径为 ϕ9mm 的孔是按与螺纹规格____________的螺栓相配的通孔直径而定的。

3）直径为 ϕ8mm 圆柱孔的定位尺寸为____________。

4）几何公差代号 ◎ ϕ0.01 A 表示被测要素为____________，基准要素为____________，几何特征为____________，公差值为____________。

任务 25　泵盖零件图的 CAD 实现

25-1　选择合适的图纸及图框，用 AutoCAD 软件抄画端盖零件图	班级	姓名	学号

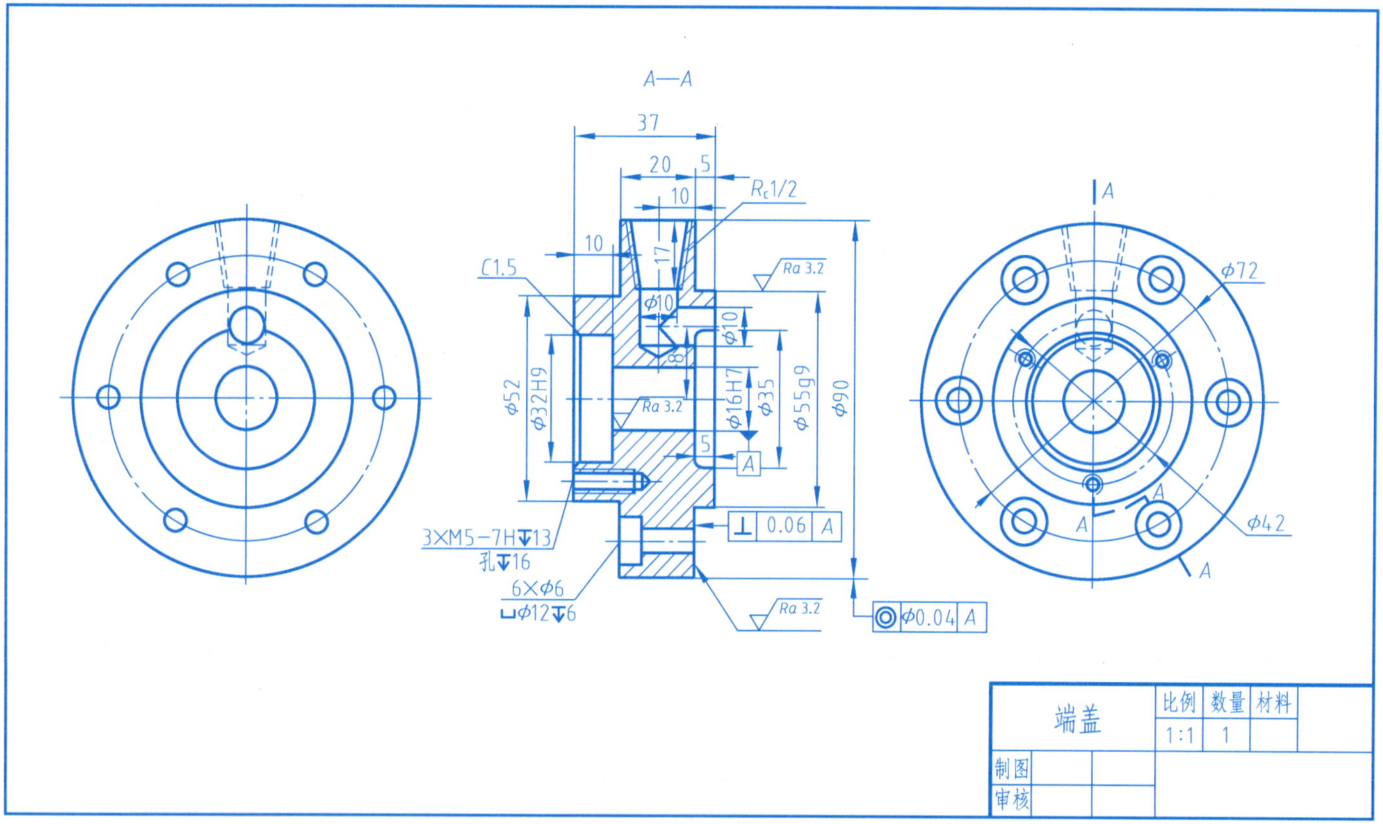

25-2 选择合适的图纸及图框，用 AutoCAD 软件抄画齿轮零件图	班级	姓名	学号

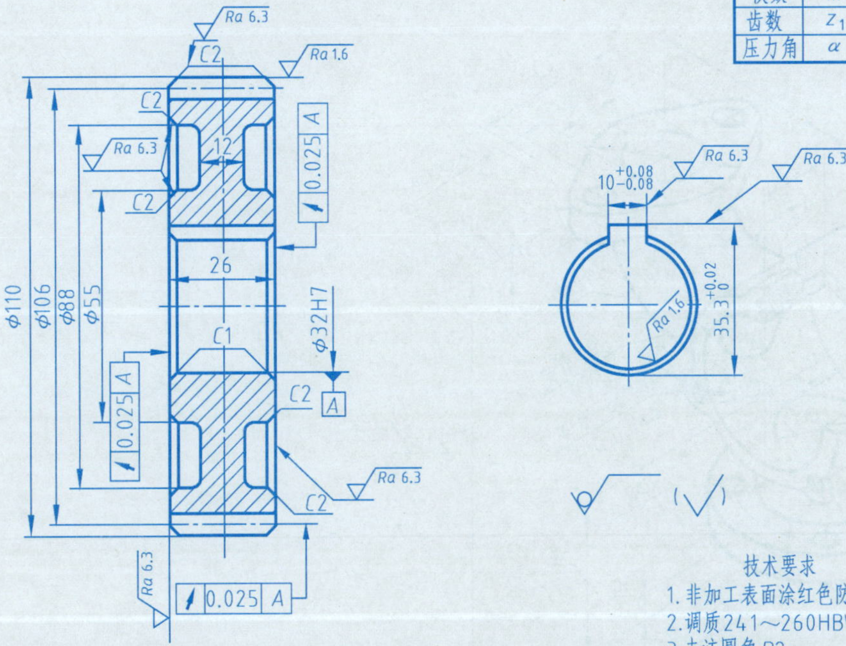

模数	m	2
齿数	z_1	53
压力角	α	20°

技术要求

1. 非加工表面涂红色防锈漆。
2. 调质241～260HBW。
3. 未注圆角$R2$。

齿轮		比例	数量	材料
		1:1		HT200
制图	10.12.27			
审核	10.12.27			

任务 26　绘制阀体零件图

26-1　根据轴测图，画出零件图	班级　　　　姓名　　　　学号

根据阀体的轴测图，画出其零件图。

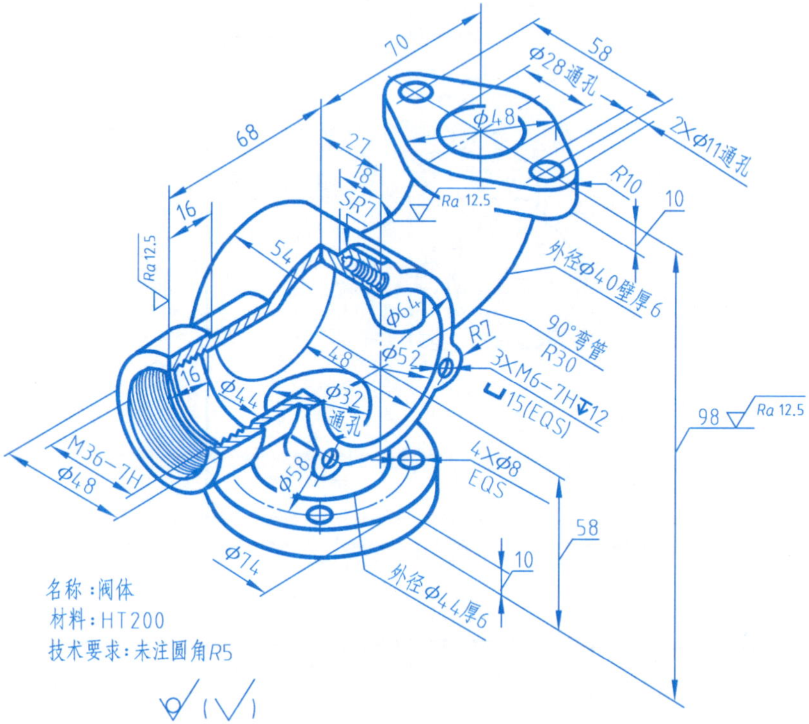

26-2 读阀体零件图，回答问题

班级　　　　姓名　　　　学号

读阀体零件图，回答问题，并在指定位置画出 *B*—*B* 断面图。

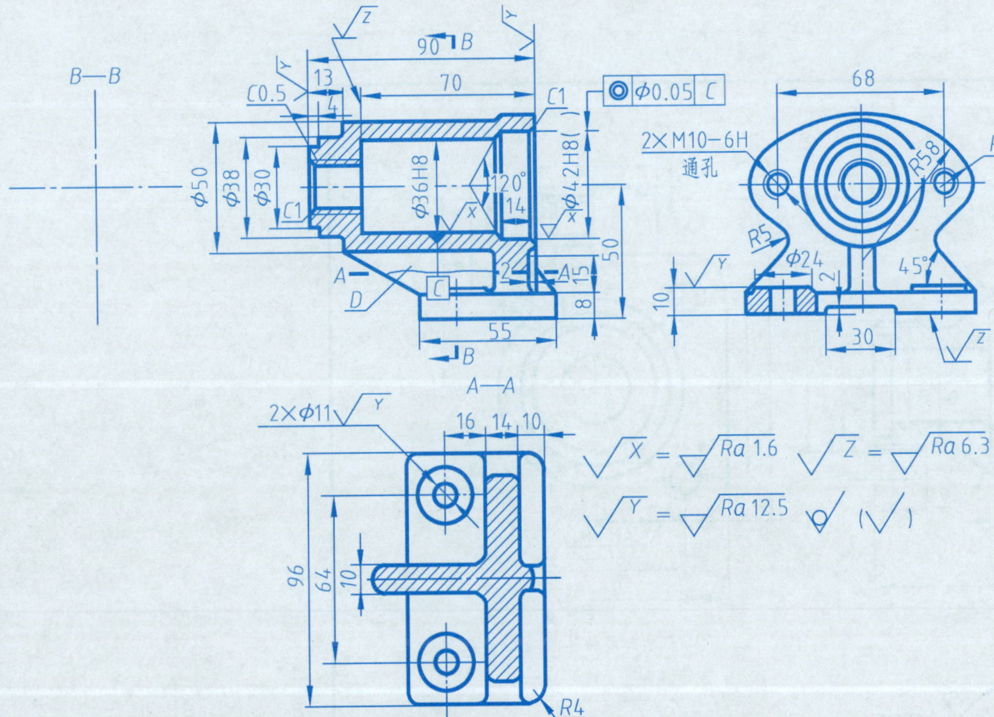

技术要求

1.铸件要求不允许有砂眼、裂纹等缺陷。

2.未注铸造圆角*R*3。

3.未注倒角C1。

阀体		比例	数量	材料
				HT150
制图				
审核				

1）主视图采用了________剖视图，*D* 处为________结构；俯视图采用了________剖视图；左视图中有一________剖视图。

2）用指引线和文字指出长、宽、高三个方向的主要尺寸基准。

3）阀体的总长为______，总宽为______，总高为________。

4）说明下列尺寸的类型（定形、定位）：90mm 是________尺寸，50mm 是________尺寸，ϕ50mm 是________尺寸，68mm 是________尺寸，*R*58mm 是________尺寸。

5）ϕ42H8 是基________制的________孔，标准公差等级为________级，查表其公差值为________mm，在图中括号内填写上、下极限偏差值。

6）几何公差代号 ◎ ϕ0.05 C 表示被测要素为________，基准要素为________，几何特征为________，公差值为________。

任务 27　阀体零件图的 CAD 实现

27-1　按 1：1 的比例，用 AutoCAD 软件抄画球阀零件图，图框及标题栏不必画出	班级　　　　　姓名　　　　　学号

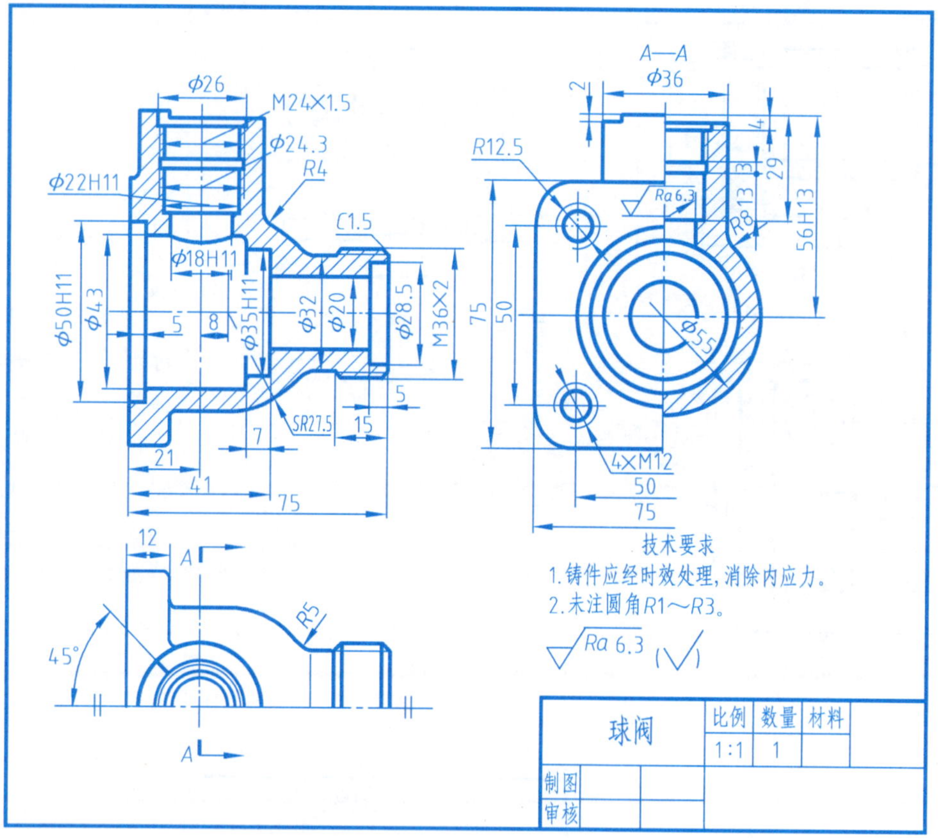

27-2 选择合适的图纸及图框，用 AutoCAD 软件抄画阀体零件图

班级　　　　姓名　　　　学号

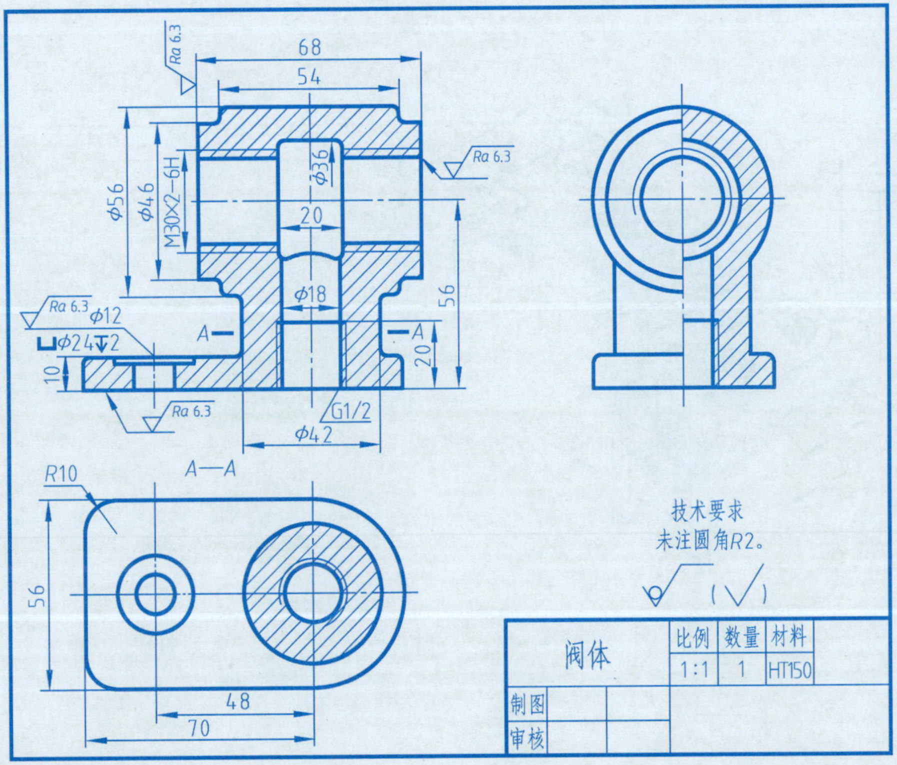

任务 28　绘制和标注拨叉的零件图

28-1　根据轴测图，画出零件图	班级	姓名	学号

根据踏架轴测图，画出其零件图。

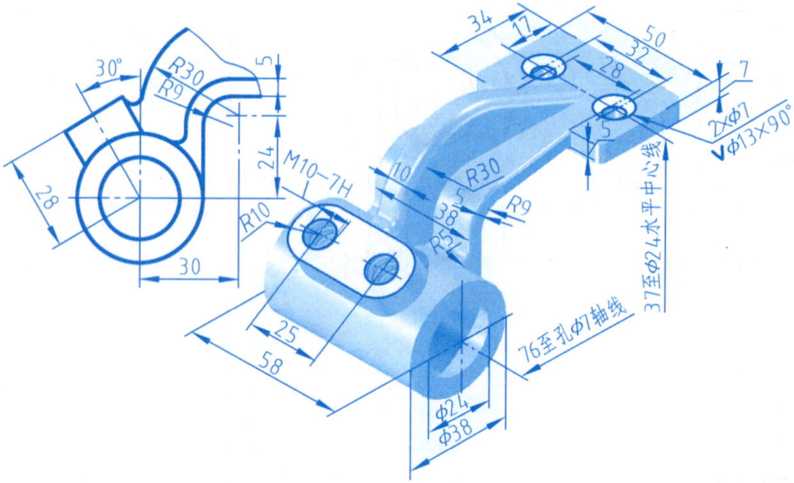

零件名称：踏架
材料：HT150
表面粗糙度：自定
技术要求：未注圆角R3

28-2 读托架零件图，回答问题

班级　　　　姓名　　　　学号

读托架零件图，回答问题，并在指定位置画出左视图。

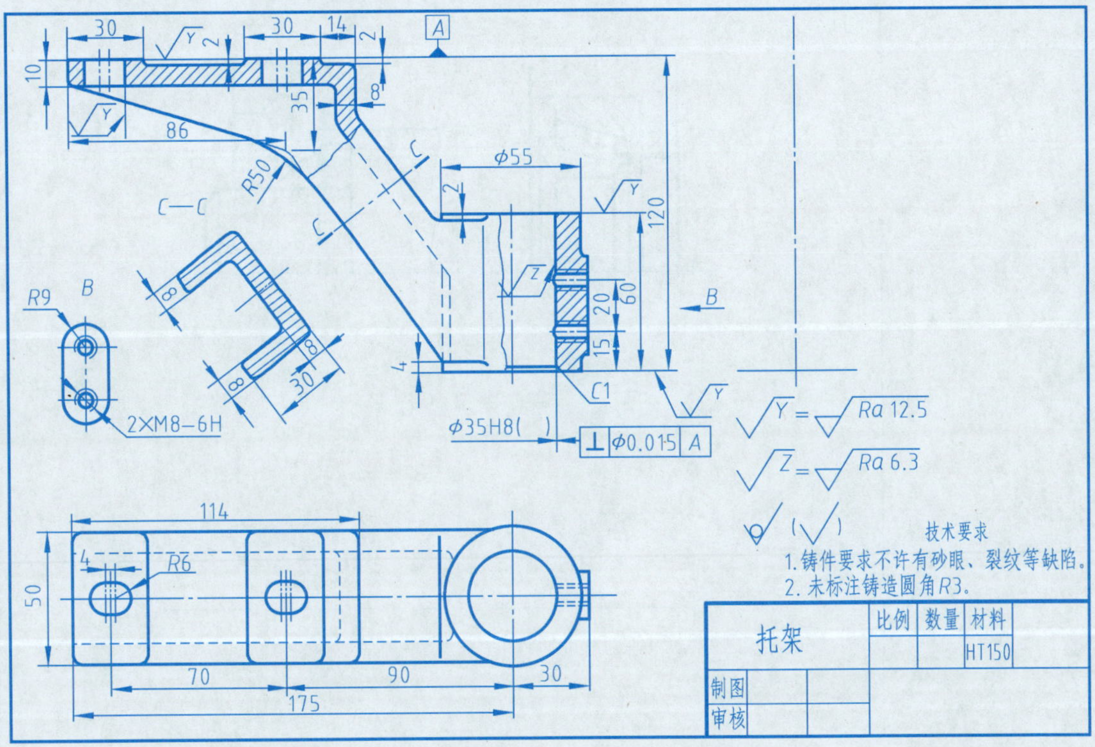

1）主视图中有两处采用了______剖视图，*B* 向视图采用的表达方法是______，*C—C* 向视图采用的表达方法是________。

2）用指引线和文字指出长、宽、高三个方向的主要尺寸基准。

3）托架的总长为________mm，总宽为________mm，总高为________mm。

4）说明下列尺寸的类型（定形、定位）：120mm 是________尺寸，70mm 是________尺寸，35mm 是________尺寸，86mm 是________尺寸，*R*50mm 是________尺寸，15mm 是________尺寸。

5）*ϕ*35H8 是基________制的________孔，标准公差等级为________级，查表其公差值为________mm，在图中括号内填写上、下极限偏差值。

6）托架的加工表面中，要求最光洁的表面是________，其余表示____。

任务 29　绘制球阀的装配图

29-1　装配体的工艺结构与画法	班级　　　　姓名　　　　学号

1. 找出下面锥孔、轴装配结构中的错误画法，并在指定位置画出正确图形。

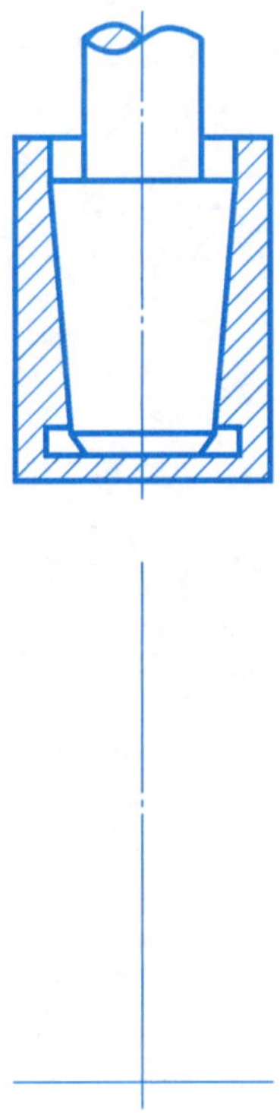

2. 找出下面滚动轴承装配结构中的错误画法，并在指定位置画出正确图形。

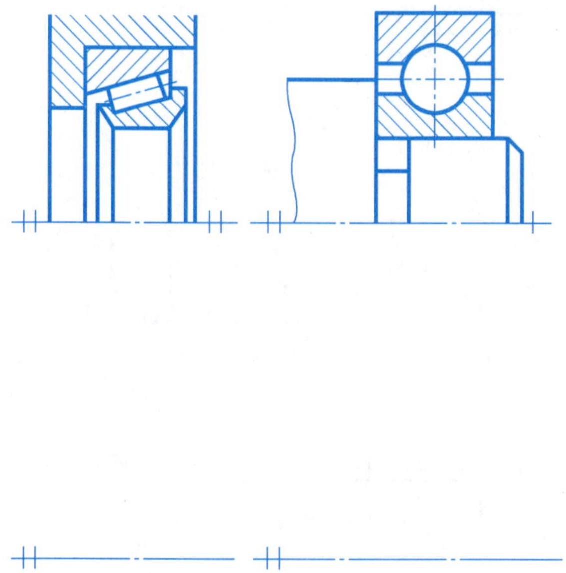

29-2 装配图画法

班级　　姓名　　学号

1. 根据装配示意图，将顶杆、管接头、弹簧、钢球、螺柱、螺塞 6 个零件图按 1∶1 的比例分别画入旋塞座的零件图中。

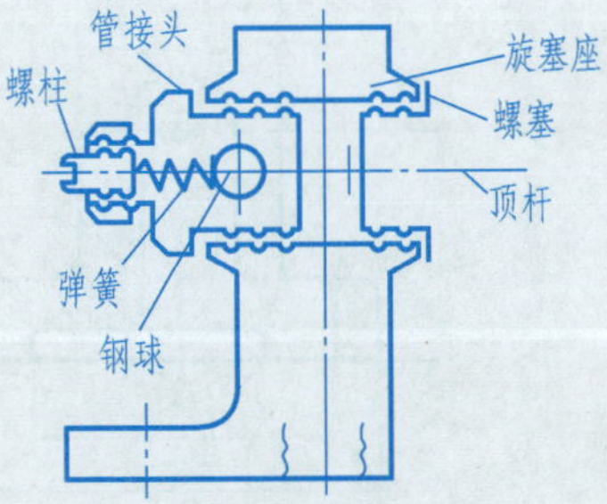

旋塞阀装配示意图

29-2 装配图画法

班级　　　　姓名　　　　学号

2. 根据可调式支承座的零件图和装配示意图，画出其装配图。

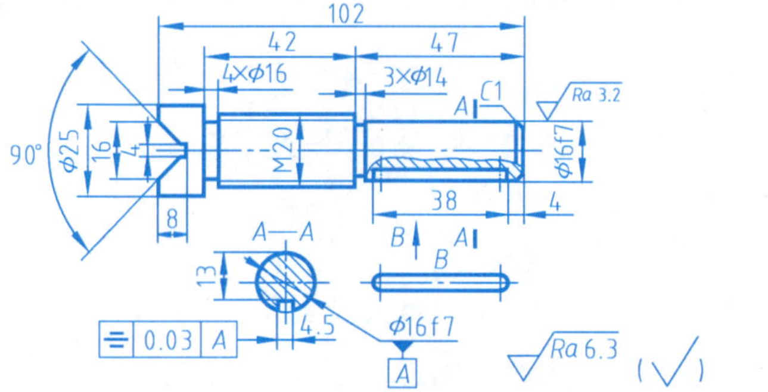

螺杆	比例	数量	材料
	1:1	1	45
制图			
审核			

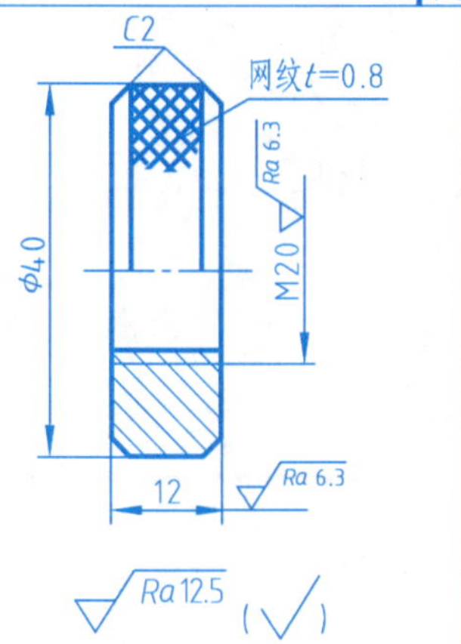

螺母	比例	数量	材料
	2:1	1	35
制图			
审核			

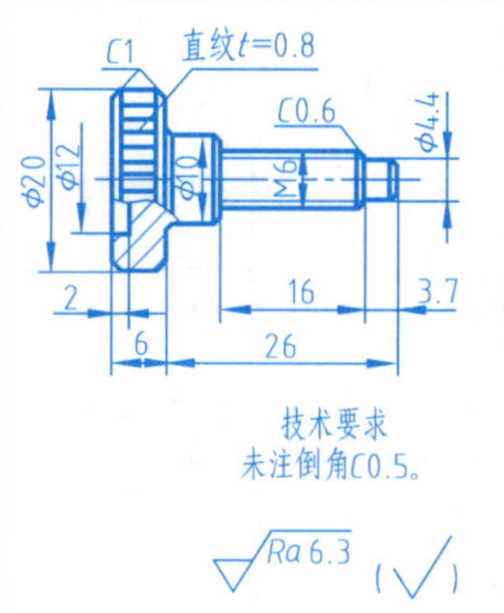

螺钉	比例	数量	材料
	2:1	1	35
制图			
审核			

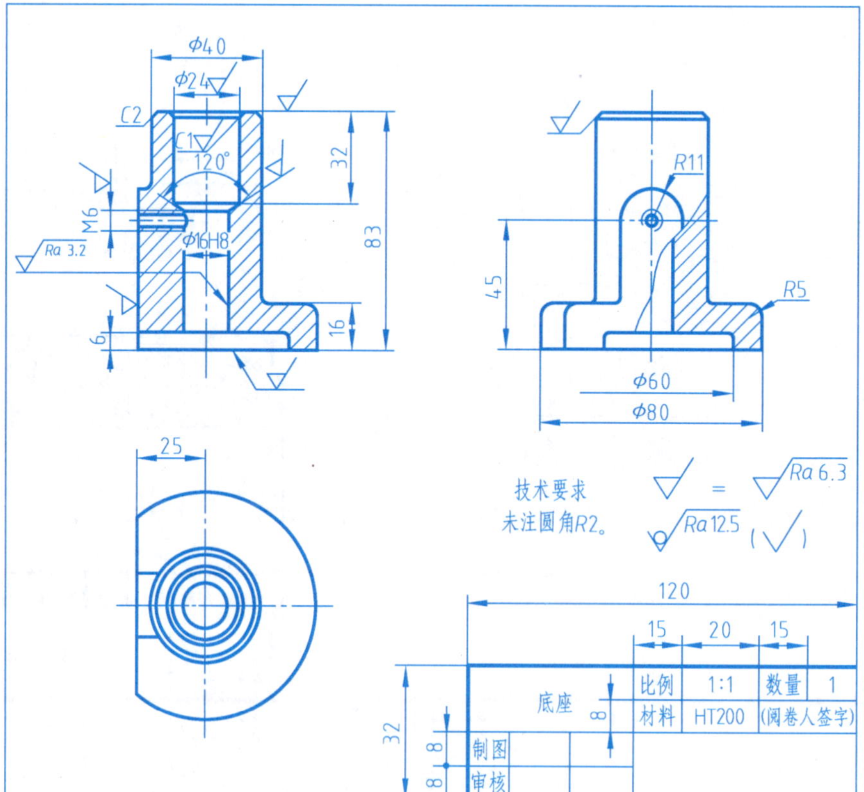

底座	比例	1:1	数量	1
	材料	HT200	(阅卷人签字)	
制图				
审核				

29-2　装配图画法	班级　　　　　姓名　　　　　学号

2. 根据可调式支承座的零件图和装配示意图，画出其装配图。

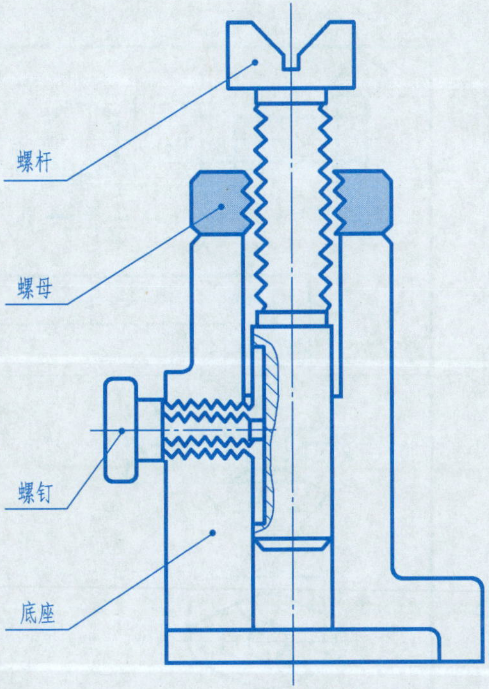

任务 30　齿轮泵装配图的 CAD 实现

选择合适的图纸及图框，用 AutoCAD 软件按要求画出旋阀的装配图，并标注尺寸	班级	姓名	学号

根据旋阀装配示意图和零件图，画出旋阀的主视图（采用恰当的表达方式，按 1：1 的比例清晰地表达旋阀的工作原理，装配关系，并标注必要的尺寸）。图中的明细栏内容，可参考旋阀零件图中的标题栏，按要求画出。

旋阀零件明细表

序号	名称	件数	材料	备注
1	阀体	1	HT150	
2	阀杆	1	45	
3	垫圈	1	35	
4	填料	1	石棉绳	
5	填料压盖	1	35	
6	螺栓 M10×25	2	35	
7	手柄	1	HT150	

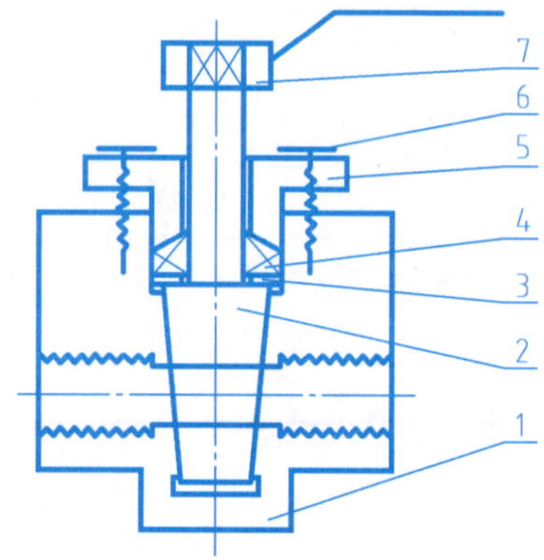

注:4为填料(石棉绳)，无零件图。

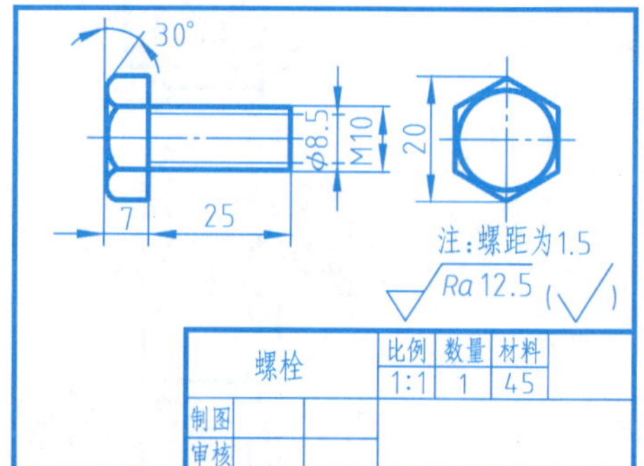

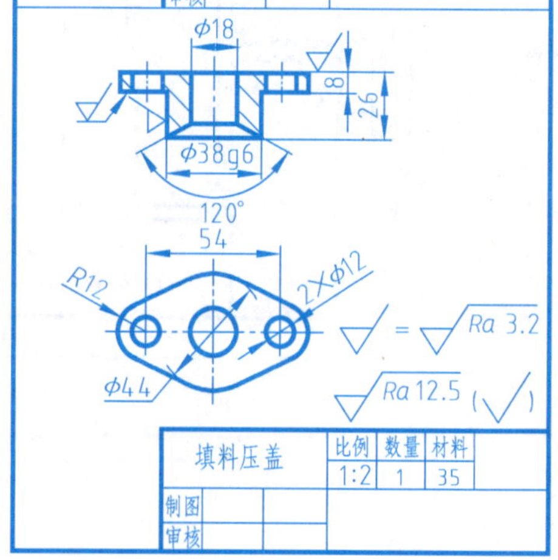

选择合适的图纸及图框，用 AutoCAD 软件按要求画出旋阀的装配图，并标注尺寸 | 班级 | 姓名 | 学号

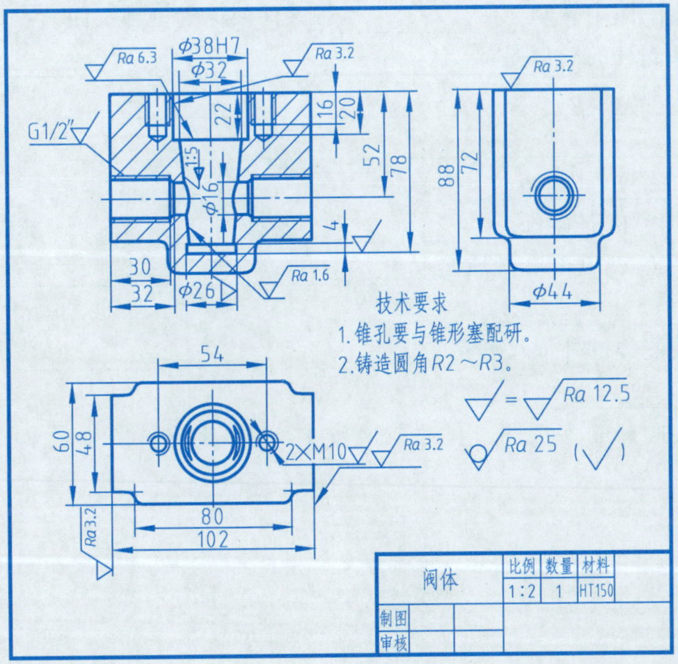

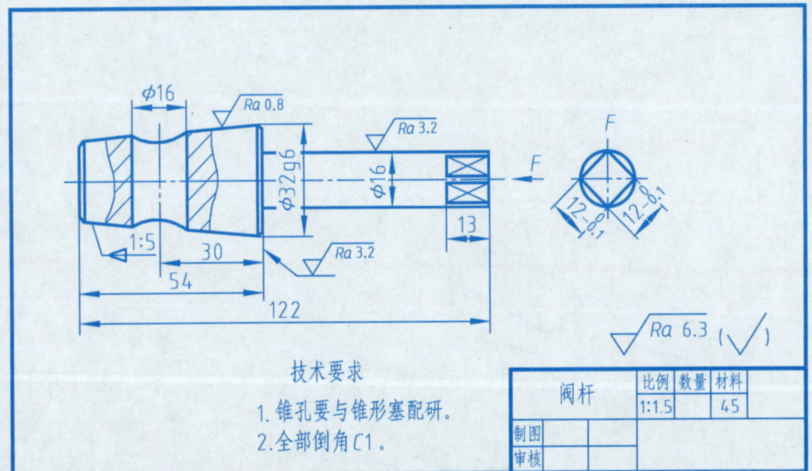

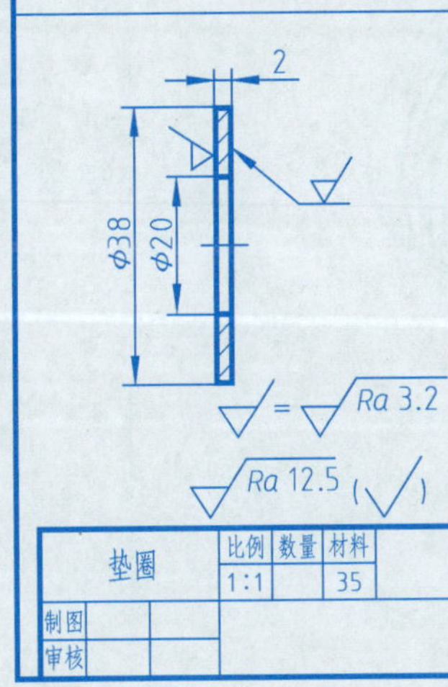

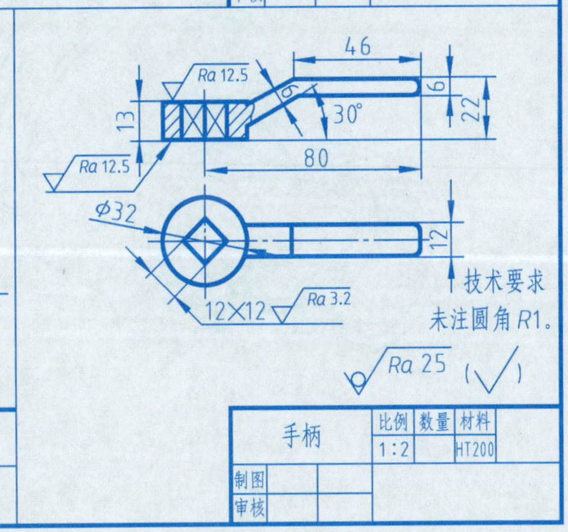

任务 31　识读齿轮泵的装配图

31-1　根据球阀立体图，读其装配图，并回答问题	班级　　　　姓名　　　　学号

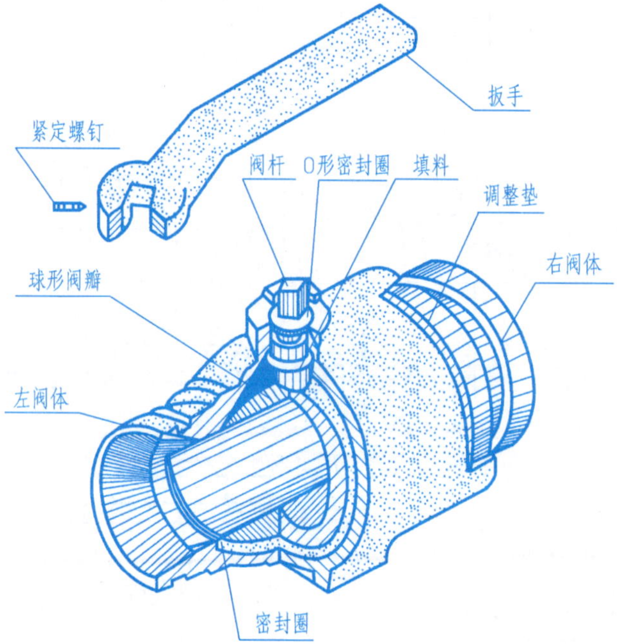

1）图中主视图、左视图、B—B 断面图分别采用的表达方法是＿＿＿＿＿、＿＿＿＿＿、＿＿＿＿＿。

2）在装配图中转动＿＿＿＿＿号零件使球阀全部关闭。

3）拆卸阀杆的顺序是＿＿。

4）$\phi18H8/f8$ 是零件＿＿＿＿＿与零件＿＿＿＿＿相配合的配合尺寸，其配合性质是＿＿＿＿＿＿＿＿＿＿。

5）该装配体的外形尺寸是＿＿＿＿＿、＿＿＿＿＿、＿＿＿＿＿。

6）画出阀杆的零件图，尺寸数值按 1∶1 的比例从图中量取后取整数。

31-1 根据球阀立体图，读其装配图，并回答问题

班级　　　姓名　　　学号

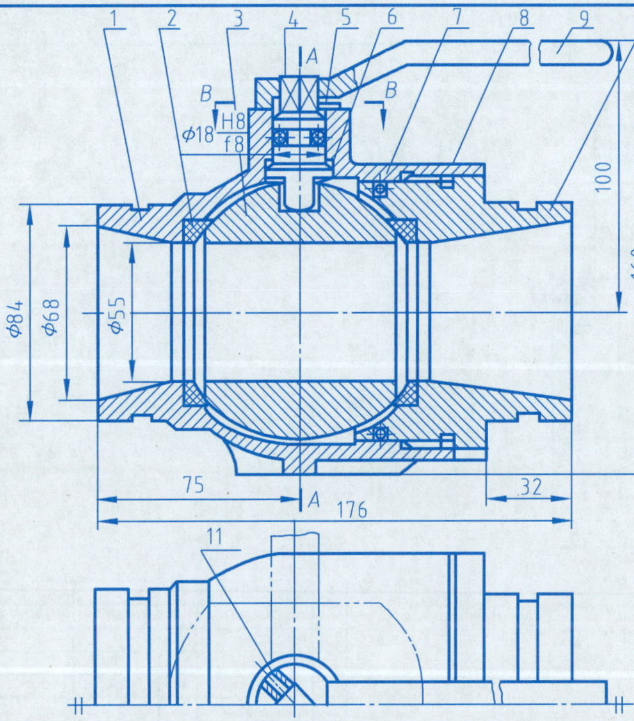

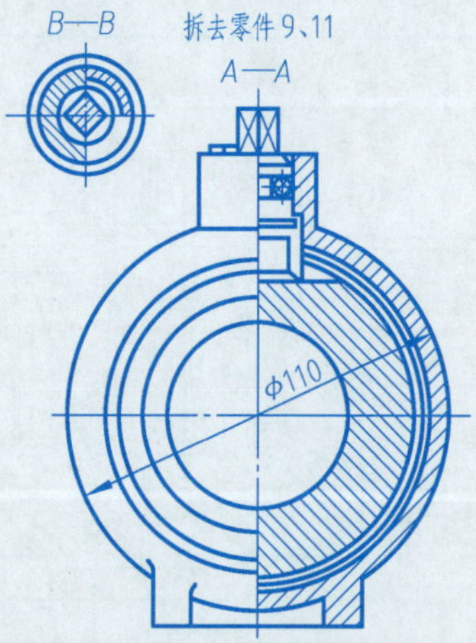

序号	名称	数量	材料	备注
11	紧定螺钉M6×12	1		
10	右阀体	1	青铜	
9	扳手	1	HT100	
8	调整垫	1	工业纸垫	
7	O形密封圈135×5.7	2	耐油橡胶	
6	填料	1	油浸石棉	
5	O形密封圈26×2.4	1	耐油橡胶	
4	阀杆	1	黄铜	
3	球形阀瓣	1	黄铜	
2	密封圈	2	耐油橡胶	
1	左阀体	1	青铜	

球阀	比例		第　张	05
	重量		共　张	
制图				
审核				

技术要求

1.装配后进行压力检验25MPa。

2.关闭阀门时不得有泄漏。

31-2 读旋阀装配图，拆画零件 2、4，尺寸数值按 1：1 的比例从图中量取后取整数，比例自定	班级　　　　姓名　　　　学号

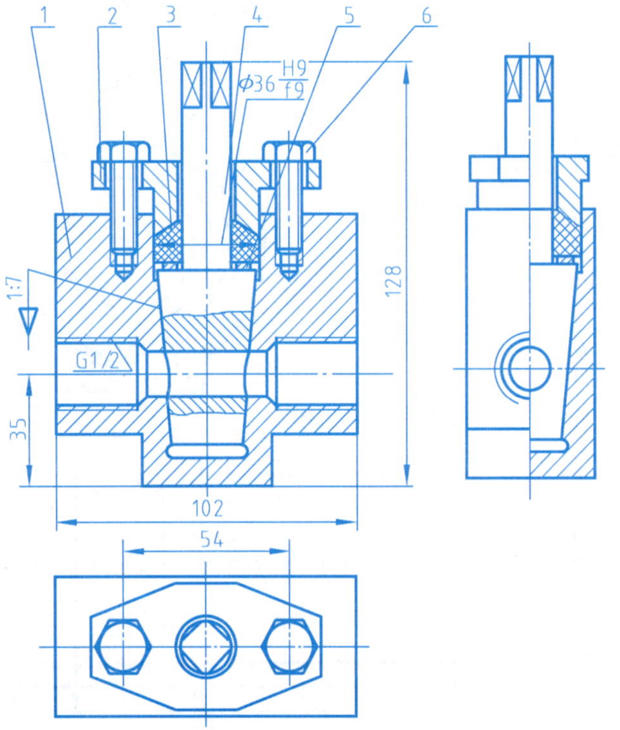

6	螺钉M10×40	2		GB/T 5783—2016
5	垫圈10	1		GB/T 97.1—2002
4	阀杆	1	35	
3	填料	1	石棉绳	
2	填料压盖	1	35	
1	阀体	1	35	
序号	名称	数量	材 料	备 注

旋阀	比例	1:1	共7张
	质量		第1张
制图			
审核			

任务 32　电动机控制电气图的识读与 CAD 实现

32-1　选择合适的图纸和图框，用 AutoCAD 软件抄画电动机顺序启停电路图	班级	姓名	学号

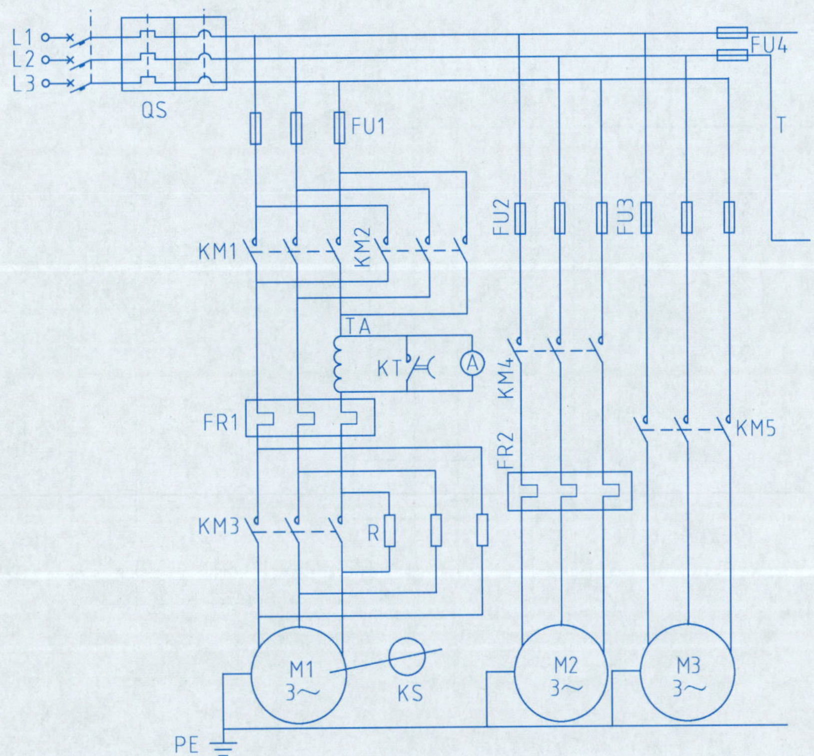

32-2 选择合适的图纸和图框，用 AutoCAD 软件抄画数控机床电动机控制电气图	班级	姓名	学号

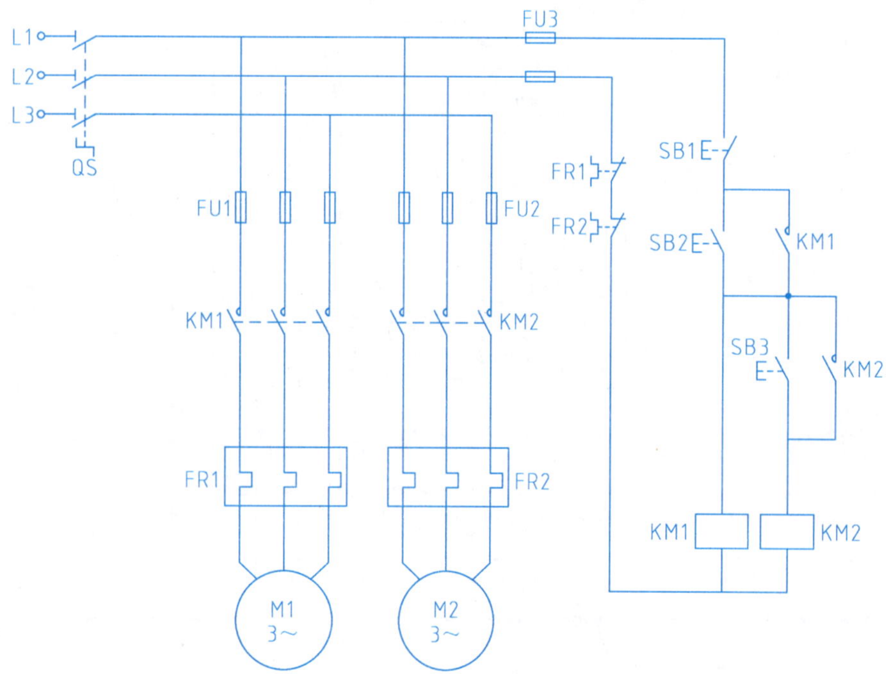

任务33　识读挂架的焊接图

33-1　按所示焊缝图标注焊缝符号	班级　　　　姓名　　　　学号

1. a图为双面V形焊缝，b图为带钝边单边V形焊缝（坡口朝上）。

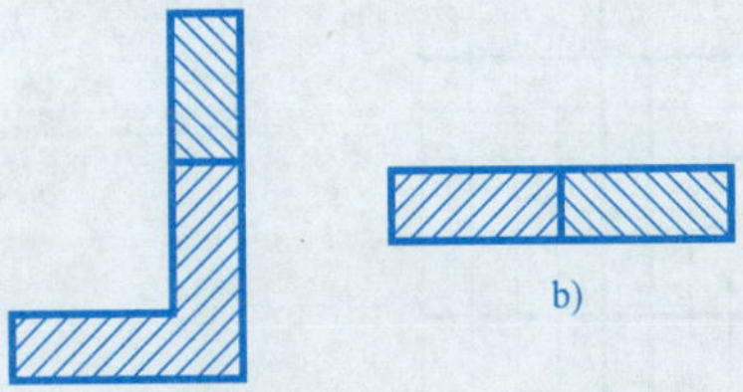

a)　　b)

2. 单边角焊缝，焊角尺寸为5mm，在现场采用焊条电弧焊。

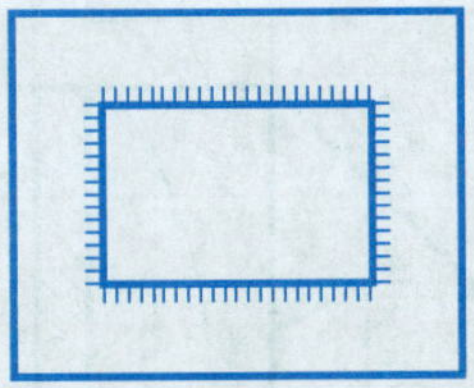

3. 圆管外侧周围与底板角焊。

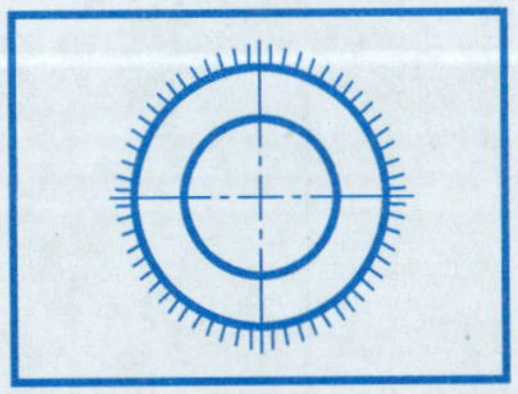

4. 单面角焊缝，焊角尺寸为4mm，用焊缝符号在指定位置标注下图内容。

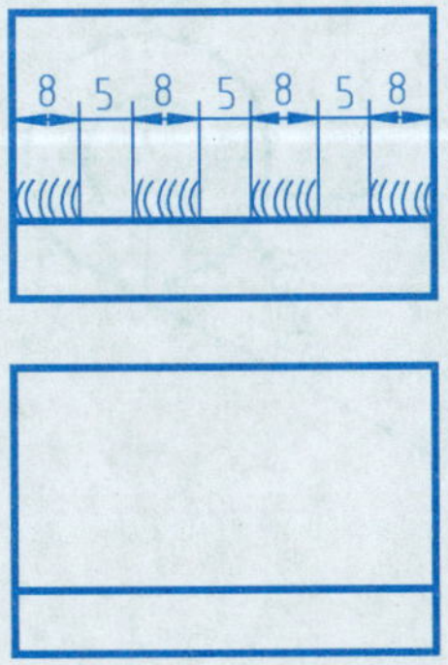

33-2 读焊接图，并回答下列问题

班级　　　　姓名　　　　学号

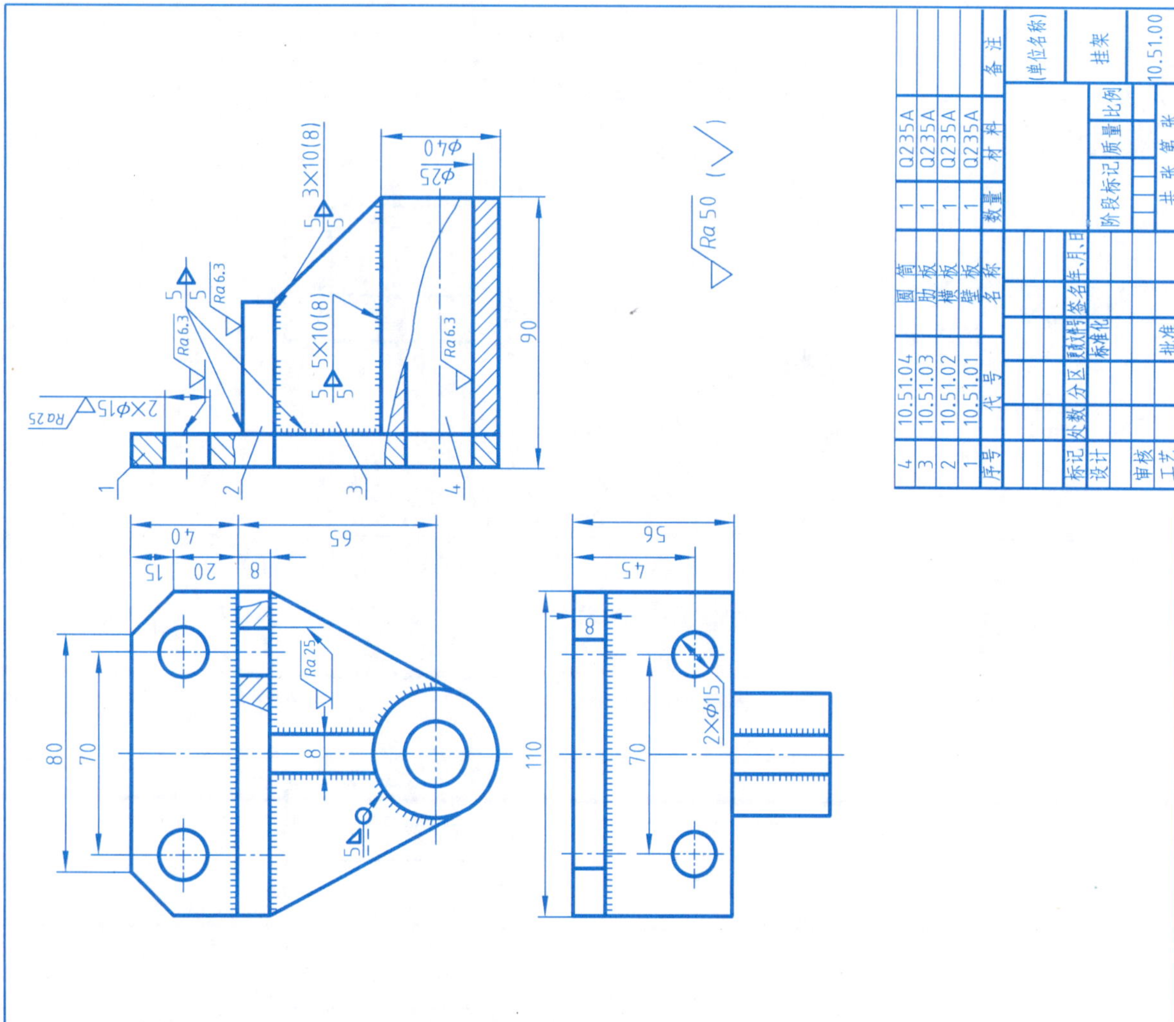

焊缝符号的含义。

(1) 表示________。

(2) 表示________。

(3) 表示________。

(4) 表示________。

参考文献

[1] 山颖，闫玉蕾．现代工程制图习题集［M］．3版．北京：北京航空航天大学出版社，2016.

[2] 王新年．机械制图习题集［M］．2版．北京：电子工业出版社，2017.

[3] 高军伟．AutoCAD基础教程［M］．2版．北京：北京航空航天大学出版社，2018.

[4] 胡建生．机械制图习题集：多学时［M］．3版．北京：机械工业出版社，2017.

[5] 刘力．机械制图习题集［M］．北京：高等教育出版社，2013.

[6] 李澄，吴天生，闻百桥．机械制图习题集［M］．北京：高等教育出版社，2013.

[7] 武晨光，蔡晓光．机械制图习题集［M］．长沙：国防科技大学出版社，2014.

[8] 吕思科，周宪珠．机械制图习题集［M］．北京：北京理工大学出版社，2015.

[9] 卜林森，贾皓丽．工程识图教程［M］．2版．北京：科学出版社，2017.

[10] 彭晓兰．机械制图与CAD［M］．北京：高等教育出版社，2014.

[11] 孙开元．机械工程制图手册［M］．2版．北京：化学工业出版社，2018.

[12] 杨振宽．技术制图与机械制图标准应用手册［M］．北京：中国标准出版社，2013.